AF250500

DE
LA CONSTITUTION

FRANÇAISE

DES ÉTATS GÉNÉRAUX

ET DE CE QU'ILS ONT ENCORE DE RÉALISABLE

PAR

GUSTAVE DAUGER

EXTRAIT DU CONTEMPORAIN DES 1er DÉCEMBRE 1874,
1er JANVIER, 1er FÉVRIER ET 1er MARS 1875.

PARIS

IMPRIMERIE JULES LE CLERE ET Cie
RUE CASSETTE, 29.

1875

DE

LA CONSTITUTION FRANÇAISE[1]

DES ÉTATS GÉNÉRAUX

ET DE CE QU'ILS ONT ENCORE DE RÉALISABLE

> Nos roys.. n ont trouve autre remède à leurs affaires, lorsqu ils ont eu besoing d'argent et de secours, ny nostre peuple autre rem de a ses calamitez, qu a la convocation des Estats, qui a toujours este la souveraine medecine des roys et des peuples
>
> (*De l'Estat et Succes des affaires de France*, par BERNARD DL GIRARD, seigneur du Haillan.— Paris, 1613)

I

DU GOUVERNEMENT DE LA FRANCE.

Certains esprits, tout en reconnaissant que le principe de la légitimité dans un pays monarchique est la sauvegarde du droit public, estiment néanmoins qu'en pratique il faut parfois dans la vie des peuples s'écarter de la logique naturelle et passer condamnation sur les infractions au principe. C'est la théorie des faits accomplis, la justification de toutes les usurpations. Telle

---

(1) *N. B* S'il s'était glissé quelques erreurs de détail dans ce travail, l'auteur croit que *l'ensemble* en est véridique et qu'elles n'en dénatureraient pas la généralité.

fut également la thèse de la théorie plébiscitaire, qui, pour être logique, aurait dû se laisser remettre en question tous les jours ; mais qui, fondée sur plus ou moins de millions de voix, prétendait commencer une légitimité nouvelle. Pouvoir jeune, elle devait remplacer une royauté vieillie ; son autorité despotiquement armée était seule capable d'avoir une vigueur impossible au vieux droit, et plutôt que de s'obstiner à restaurer des institutions usées, il fallait, disait-on, ne s'attacher qu'à ce qui se présentait plein de séve et d'avenir ; à ce prix on allait mettre un terme aux révolutions.

L'événement a prouvé l'inanité de ces théories ; quelles cruelles catastrophes ont été le fruit de la nouvelle expérience !

Je me propose d'examiner dans une première partie la force et la faiblesse d'un pouvoir qui a eu son apogée, sa décadence et son cataclysme, et quelle peut être la force ou la faiblesse du *vieux droit* en examinant ensuite quelles ont été ses institutions et quel peut être son avenir.

De l'expérience il résulte que le pouvoir personnifié par la dynastie napoléonienne n'a eu de force que dans le despotisme. Quand le despotisme dans sa main devient une arme usée, elle tombe. Presque tout le premier empire, si puissant, n'a été qu'un despotisme brutal, et le second n'a prospéré que tant qu'il a pu vivre d'arbitraire. Leur origine en est la cause ; l'anarchie ou la révolution qui fut leur point de départ ne pouvait qu'amener une réaction despotique ; l'histoire des coups d'Etat d'où sont sortis l'un et l'autre en fait foi.

Toutefois ce despotisme, inévitable peut-être, pouvait-il s'établir, être toléré sans tempérament ?... Non ; ce qui le faisait accepter des masses essentiellement égalitaires, c'était l'institution civile d'une législation puissante due au génie du premier consul, qui, mêlant à beaucoup de vices une certaine puissance et une certaine sagesse, faisait pardonner au pouvoir son inflexible rigueur par le nivellement de toutes les classes. Donc, absolutisme politique et législation civile égalitaire, voilà la force de la monarchie napoléonienne à son origine ; absence totale d'un principe traditionnel, voilà sa faiblesse ; voilà aussi ce qui faisait dire à son fondateur avec découragement : « Si j'étais mon petit-fils !... »

L'ancien droit monarchique, au contraire, a toute sa vie dans son principe, et ce principe est tellement fort que, depuis qu'il est méconnu, le pays ne peut sortir des abîmes, ni de l'ornière de révolutions périodiques. Sa faiblesse est qu'au milieu de tant de ruines amoncelées, il ne peut plus s'appuyer sur des institutions traditionnelles qui lui soient propres. La législation civile actuelle, dont l'origine est révolutionnaire ou napoléonienne, ne lui prête point son secours; quant aux institutions politiques, où sont-elles?

Est-ce le gouvernement constitutionnel avec la charte de 1814 ou celle de 1830? mais il n'a empêché ni la branche aînée ni la branche cadette de succomber sous les coups de leurs ennemis, parce qu'il avait été implanté sans racine sur notre vieux sol. Serait-ce alors une charte quelconque savamment remaniée, résultat d'élucubrations nouvelles et des méditations des hommes d'Etat? Mais encore ce seraient des nouvelles expériences et de nouveaux désastres. Faut-il donc aller chercher pour les temps modernes leurs institutions dans l'histoire de la monarchie française? Mais prenons garde de faire crier à l'*absolutisme*, à l'*ancien régime*, mots qui suffisent à démonétiser les plus libérales intentions.

L'espoir de rien établir de stable autour de la royauté du vieux droit traditionnel est-il donc un leurre? Nous ne le pensons pas: la France peut encore puiser dans ses traditions des institutions appropriées aux temps modernes.

Sage, mais large liberté, telle devrait être d'abord la base de la société rajeunie; le despotisme ne doit être l'instrument que de l'usurpation : un pouvoir légitime d'ailleurs n'y puiserait aucune force, par la double raison des préjugés que réveilleraient ces tendances absolues et du manque de secours ou d'appui qu'elles trouveraient dans les institutions civiles, qui, bien que sanctionnées par la royauté, ont eu une autre origine qu'elle. Donc forcément, comme par choix, liberté en bas, autorité en haut (1); autorité nécessairement armée de prérogatives, puissante et incontestée. Etablir, asseoir ensemble ces deux choses, telles sont les données du problème, qu'on n'a point encore pu ou voulu résoudre en France

Or, si l'on a échoué jusqu'à ce jour, ne serait-ce pas parce que l'on en a cherché la solution hors des traditions et de l'histoire

(1) « Liberté et pouvoir sont deux éléments de société qui ne sauraient jamais être isolés; unis, c'est l'ordre et la force; séparés, c'est la faiblesse et la ruine. » (*Politique royale*, brochure publiée à Paris en 1848.)

du pays, par conséquent hors de son tempérament naturel? « Un peuple a le gouvernement qu'il mérite, » disait un philosophe; cela veut dire qu'une nation n'a de gouvernement stable, de constitution durable que ceux qui d'âge en âge se sont formés avec elle, ont germé dans son enfance, se sont développés avec elle, se sont modifiés par le temps et se sont fixés quand enfin la nation a gagné son âge mur. Le gouvernement anglais est certainement un puissant gouvernement, la Grande-Bretagne en est justement fière et lui doit sa prospérité; est-ce à dire qu'il faille le transporter en France, en Espagne, en Russie? Non certes; il y serait très-mal. Le gouvernement parlementaire en Angleterre s'est formé avec la nation anglaise, il est né de ses mœurs, sorti de ses traditions; c'est par cela qu'il est durable. Le gouvernement russe au contraire est peut-être chez lui le gouvernement qu'il faut à la nation russe; ce peuple s'estime heureux; les serfs eux-mêmes, assure-t-on, n'avaient guère souci de leur liberté, et dans ce vaste empire, la puissance nationale a un grand avenir ; faut-il pour cela établir l'autocratie en France ou en Angleterre? qui donc y songerait? Il a sa raison d'être dans l'origine et les mœurs du peuple slave; il est là plein de jeunesse, ailleurs il serait mort né. Ainsi, sous le soleil les climats et les mœurs sont différents ; les gouvernements diffèrent aussi selon l'ordre providentiel qui rend les uns ou les autres absolus ou tempérés. « Tout peuple a le gouvernement qu'il mérite, » répétons-nous; mais ajoutons avec M. de Maistre : « Toute constitution écrite est nulle, » c'est-à-dire, toute constitution sortie, armée de pied en cap du cerveau d'un homme d'État, écrite dans son cabinet, conçue et formulée sur une table, et jetée à la première nation venue (hélas! ce fut souvent la France), en lui disant : « Voilà ta constitution!... »

On peut donc dire que le roi Louis XVIII s'est trompé quand il a cru pouvoir fonder un gouvernement parlementaire, en le calquant pour la France sur des institutions anglaises. Nous n'avons en France ni les mêmes traditions, ni la même aristocratie, ni les mêmes mœurs : gardons-nous donc de transplanter sur notre sol une plante exotique qui périrait encore ; ce qu'il faut imiter de l'Angleterre, c'est son respect du passé sans rester stationnaire et sa fidélité à respecter ses propres traditions, tout en les modifiant selon les besoins des temps, mais sans révolutions. Ne renouvelons donc point une expérience déjà deux fois funeste : ce qui produit prospérité et grandeur chez nos voisins, ramènerait encore chez nous des bouleversements.

Mais, direz-vous, où trouver encore chez nous des traditions nationales? reste- t-il seulement une ruine du passé qui puisse servir de fondations à l'édifice de l'avenir? Les révolutions n'ont-elles pas trop profondément labouré notre sol? Le fer et le feu n'ont-ils pas tout démoli? La force des choses n'oblige-t-elle pas fatalement à se rejeter, pour reconstituer la France, sur l'imitation des constitutions étrangères?

Nous ne le pensons pas; interrogeons l'expérience et l'histoire, fouillons la poussière du passé, et dans les débris de la monarchie nationale, dans les ruines des institutions séculaires, dans tous les éléments anciens, refondus avec les éléments nouveaux, que quatre-vingts ans d'expérience ont laissé s'établir et dont il faut tenir compte, nous trouverons des matériaux suffisants pour reconstruire l'édifice constitutionnel, qui sera cette fois durable parce qu'il sera vraiment national et français (1).

Quels sont donc ces éléments? nous les voyons apparaître dès les premiers siècles de notre histoire, se développer avec elle; ils ont une origine commune, ensuite ils poussent séparément du tronc commun de vigoureux rameaux.

Comme chez tout peuple à l'état d'enfance, les institutions des Francs ne montraient qu'une primitive simplicité. Les assemblées dites *champs de Mars* ou *champs de Mai* en formaient tous les rouages. La nation y délibérait en masse, y confirmait l'élection d'un roi, y votait la paix ou la guerre, le tout par acclamation, au choc des boucliers, au bruit du fer ou des framées, au frémissement sauvage de l'assemblée tout entière. Les Gallo-Romains y furent admis peu à peu; puis une sorte de délégation de ces assemblées se forma en conseil près du chef, où tous les grands de la cour étaient appelés pour éclairer celui-ci, et les actes qui en émanaient étaient signés de tous : ce fut l'origine des *conseils du roi*; mais les grandes assemblées dites *champs de Mai*

(1) « L'Assemblée constituante .. supprima les institutions les plus utiles, dont le crime était d'avoir existé Elle fit de la liberté, qui est la vie des peuples, une statue symétrique, sans âme, sans ancêtre , et l'inaugura au milieu de la France, comme si jusqu'alors elle eût été esclave. Mais à la place de cette liberté abstraite, théorique, que l'Assemblée constituante déifiait, il y en avait une autre; c'était celle qui prenait son point de départ dans les institutions, les instincts et les habitudes du pays... » (Extrait d'un article intitulé *Pascalis et les libertés provinciales*, signé Anatole des Glajeux, dans le *Correspondant*, t. XXXVI, 25 août 1855.)

ou de *Mars*, *conventus*, *parlements*, eurent jusqu'à la féodalité la première ligne en importance. Alors elles disparurent pour ne laisser qu'un simulacre de la nation près d'un roi sans autorité; mais les assemblées des habitants des provinces crurent en importance près des seigneurs féodaux; et après l'avénement de Hugues Capet, sous les noms de *plaids*, *assises*, *cours*, *parlements*, elles délibéraient sur tout ce qui concernait l'intérêt du suzerain. Tels le parlement du comte de Toulouse, l'échiquier du duc de Normandie, le parlement du duc de France, qui devint, sous Hugues Capet, le conseil du roi, et qui grandit avec la royauté, pour embrasser tour à tour, dans ses émanations subséquentes, la justice, l'administration, le souverain pouvoir enfantant pour chaque transformation les parlements judiciaires et la cour des pairs.

Nous aurons donc à dire ce qu'étaient le conseil du roi et les cours de justice qui en émanèrent.

Mais durant les premiers règnes de la troisième race une double action se fait sentir, en bas de la part du peuple, en haut de la part de la royauté. Tous deux, annihilés par la puissance féodale, tendent à s'allier par un lent et sourd travail, pour s'en affranchir et l'abaisser à son tour. Par là, la royauté grandit aux dépens de ses redoutables rivaux, hier ses *pairs*, demain ses sujets, et vient le jour où c'est à son tour de commander. En même temps s'émancipe le peuple des villes et se fondent les communes ; la royauté les protége, finit par tendre la main à des peuples affranchis et à les convoquer auprès du trône, non plus en masse, comme jadis, mais dans une assemblée de délégués, connue dans l'histoire sous le nom d'*états généraux*. Là figuraient les représentants de la noblesse, du clergé et du tiers état, ou de *communes*, c'est-à-dire des trois ordres de la nation.

Nous aurons donc aussi à dire ce qu'étaient les états généraux; même, renversant l'ordre chronologique suivi dans ce qui précède, nous leur donnerons, vu leur importance, la primauté. Nous en verrons l'historique et l'influence et nous en compléterons l'étude par celle de quelques assemblées, où figuraient également des représentants des trois ordres, appelés parfois à les supplanter, sous le nom d'*assemblées des notables*. Enfin cet examen ne sera complet qu'après avoir également étudié les trois ordres dans les assemblées des provinces où existaient les *états provinciaux*.

Donc le plan de ce qui va suivre consistera à examiner les anciennes institutions françaises c'est-à-dire :

Les états généraux, les assemblées de notables et les états provinciaux ;

Le conseil du roi et ses émanations, le parlement et la cour des pairs.

Les premiers sont ou veulent être une représentation populaire, consentant les lois, y concourant également et rendant la justice de par l'autorité royale. C'est bien le vieil axiome : *Lex fit consensu populi et constitutione regis.*

Voilà nos institutions constitutionnelles d'autrefois. Il nous restera à étudier après celá ce qu'elles auraient d'applicable dans nos temps nouveaux.

II

ETATS GÉNÉRAUX.

Les états généraux de France, convoqués pour la première fois sous Philippe le Bel, continuèrent dans beaucoup de circonstances importantes à voter ou rejeter les impôts, à exposer dans leurs *cahiers* des vœux, des griefs, des doléances, même à ratifier des traités, des engagements contractés par le roi, ou à les rejeter si la nation les trouvait trop onéreux. Les trois ordres délibéraient en commun ou séparément (1). Nulle loi, nul règlement ne déterminait leur mode de convocation ; tout se faisait suivant les usages locaux ; mais une sorte de coutume générale, résultant de l'ensemble, peut donner une idée de la manière dont s'effectuait cette représentation de la nation. Des lettres de convocation étaient d'abord adressées par le roi aux baillis et aux sénéchaux ; ces magistrats devaient dès lors faire procéder aux élections des députés, sur les bases les plus larges, mais à deux degrés. Aucun âge n'était requis pour conférer la qualité d'électeur, ni d'éligible (2) ; la capacité de l'individu se décidait selon son aptitude naturelle. Des assemblées primaires avaient

(1) Généralement le vote avait lieu par ordre.
(2) Aux élections de 1789 seulement, on exigea pour être électeur l'âge de vingt-cinq ans.

lieu dans chaque paroisse, pour procéder à la rédaction du *cahier* de la paroisse et à l'élection du mandataire. Pour cette première opération, un véritable suffrage universel était général; chacun avait droit de parler dans la réunion. comme d'y faire ses observations et de demander l'insertion de ses *doléances* dans le cahier. L'élection enfin se faisait fréquemment à haute voix, quelquefois au suffrage secret.

Une seconde assemblée, composée des élus des paroisses, se tenait au chef-lieu du baillage ou de la sénéchaussée. Là s'apportaient tous les cahiers des paroisses, à l'aide desquels se rédigeait un cahier général de la circonscription; puis avait lieu l'élection du député chargé de porter ce cahier à la grande assemblée des états généraux, pour y siéger avec son ordre (1).

Le nombre de ces députés varia beaucoup; une fois réunis, ils refondaient une dernière fois tous leurs cahiers en un seul, qu'ils présentaient au roi comme le résumé des plaintes, vœux et doléances de toute la nation. Du reste, ils ne pouvaient rien imposer au souverain; régulièrement convoqués, ils fussent évidemment devenus un pouvoir législatif; mais nous verrons qu'on les évita trop souvent et qu'on ne leur reconnut jamais, avec le droit de vœux ou de plaintes, que celui de voter ou de rejeter l'impôt (2).

La première assemblée d'états sous Philippe le Bel reçut dans son sein les députés des communes affranchies. La royauté, affranchie elle-même, s'élevait au-dessus de la féodalité, comme une magistrature suprême, et ses besoins toujours grandissant nécessitaient des impôts inusités encore. Jusque-là on ne connaissait que l'impôt de vassal à suzerain, ou des droits indirects, comme la gabelle; mais leurs produits ne répondaient plus aux besoins d'un pouvoir plus vaste. Sur qui faire peser cet impôt encore inconnu? La noblesse et le clergé indiquaient les communes riches et émancipées comme plus spécialement imposables; mais en vertu de la maxime : *quod ad omnes tangit ab omnibus probatur*, il fallait leur assentiment, et c'est pour cela qu'on les convoqua aux états généraux en 1302.

(1) Ordinairement la noblesse et le clergé nommaient directement leurs députés. En Bretagne, en Dauphiné, en Provence, les députés étaient nommés, non comme il est dit dans notre exposé, mais par les assemblées de la province

(2) Il reste, on s'accordait à leur reconnaître toute-puissance, en cas de vacance du trône, le droit de pourvoir à la régence quand le roi mort ne l'avait pas fait, et le droit de juger les prétentions des divers compétiteurs au trône.

A cette première assemblée en succédèrent deux autres, sous le même règne, qui votèrent avec empressement des subsides pour la guerre des Flandres. En 1302 les trois ordres s'occupèrent surtout de la querelle soulevée avec le pape et protestèrent de leur fidélité inviolable au roi. Réunis ensuite à Tours, ils provoquèrent l'abolition de l'ordre des Templiers.

Sous Louis le Hutin, ils obtinrent des chartes et des franchises pour certaines provinces, et le roi promit de ne lever jamais d'impôts que du consentement des états généraux, avec cette clause qu'eux-mêmes en régleraient l'emploi.

En 1317 nous voyons les états généraux ou du moins des assemblées des trois ordres reconnaître les droits de Philippe V et de Charles IV à la couronne, en exécution de la loi salique, au mépris des prétentions du prince anglais. Ils se prononcèrent également pour Philippe de Valois en 1328 et votèrent pour lui de nombreux subsides.

Telle fut alors l'aide qu'ils prêtèrent à la royauté. Leur caractère changea sous le règne du roi Jean, l'une des époques de notre histoire les plus fécondes en calamités. Les états alors furent très-hostiles. Après un début heureux où il avait obtenu en trois fois, tant des états de la langue d'oc que de ceux de la langue d'oïl, des subsides pour la guerre contre les Anglais, et après avoir consacré. par une ordonnance rendue conformément à ceux de 1355, les réformes qu'ils avaient votées (1), le roi Jean tomba en captivité; le dauphin prit le pouvoir et rencontra dans les états de la langue d'oïl la plus violente hostilité. Dirigés par une poignée de factieux comme Robert Lecoq, évêque de Laon, Etienne Marcel, prévôt des marchands, et Jean de Pecquigny, député de la noblesse d'Artois, ils embrassèrent la cause du roi de Navarre, en partie l'auteur des calamités publiques. Pierre de Laforêt, chancelier de France, fit en vain l'exposé pathétique des malheurs de la France; la commission chargée de lui répondre mit au vote des subsides les plus dures conditions, telles que la

(1) L'unanimité des trois ordres y était déclarée nécessaire pour les lier tous; l'impôt devait être universel, la reine même et les princes devaient y être soumis; ils devaient être perçus par des gens des états et sous la surveillance d'une commission

Ce fut dans ces états que le fils du roi reçut le titre de dauphin de France.

On commença du reste a y voir percer le germe des divisions prochaines; ils cherchèrent aussi a obtenir la périodicité de leurs convocations Du reste, ils votèrent un impôt de 50,000 livres pour l'entretien de trente mille hommes d'armes.

condamnation des officiers les plus dévoués au roi, la délivrance de Charles le Mauvais et la nomination d'une commission chargée de surveiller le gouvernement du dauphin. Ce prince voulut temporiser : l'assemblée délibéra malgré lui; Robert Lecoq fit un discours exalté, qui provoqua de la part des députés d'insolentes réclamations (1).

L'année suivante (1337), après un soulèvement de Paris, le dauphin dut les convoquer encore; ils furent plus violents que jamais, et le dauphin, pour obtenir une levée de trente mille hommes, dut subir d'humiliantes conditions. Le gouvernement tomba dès lors complétement dans leurs mains. Le 9 avril 1357, ils se réunirent malgré des lettres du roi prisonnier et forcèrent le régent à révoquer ces lettres.

Mais bientôt la France lassée vit à qui devait incomber la responsabilité de ces maux, et de la réaction résultèrent des excès. Des assemblées moins hostiles furent encore paralysées par les factions, mais le dauphin ayant convoqué à Compiègne, loin de l'influence de Paris, les états de la langue d'oil, ils votèrent les subsides demandés, payèrent les dettes du roi, adoptèrent plusieurs mesures réparatrices, écoutèrent la lecture d'un acte d'accusation contre Robert Lecoq et remercièrent le Dauphin de n'avoir pas désespéré du salut de l'État. Ils continuèrent dans le même esprit en 1359. C'était à Paris; le traité de paix avec l'Angleterre fut rejeté comme inacceptable; mais, pour pousser vigoureusement la guerre, l'assemblée s'occupa de la levée d'une armée et de l'octroi d'un subside, après s'être empressée de révoquer l'inique sentence rendue en 1356 contre les officiers du roi.

Sous le roi Jean, dans l'espace de neuf années, les états généraux avaient été convoqués dix fois.

Son successeur leur tint rancune, et son règne, placé comme une halte entre les deux plus désastreuses de l'histoire, ne vit que deux convocations des états généraux. Aussi quelque chose

(1) Cependant les états de la langue d'oc prêtaient au contraire le concours le plus énergique au pouvoir, ordonnaient un subside pour la levée de cinquante mille hommes d'armes, et décidaient que pendant la captivité du roi « homme ne femme ne porterait or, argent ne perles, ne vert, ne gris, ne robes, ne chaperons découpés, ne autres cointises, et qu'aucuns menestriers ne jongleurs ne joueraient de leurs mestiers. » Ils n'en reglaient pas moins avec sagesse les conditions de leur concours, et elles furent approuvées par une ordonnance rendue en grand conseil. Les états de la langue d'oc representaient le Midi et étaient réunis à Toulouse; ceux de la langue d'oil, pour le Nord, étaient rassemblés à Paris.

semblait manquer à ses ordonnances et celle qui concernait la majorité des rois de France fut violemment attaquée sous François II (la première fois qu'on voulut l'appliquer), parce qu'elle n'avait point été ratifiée par les états généraux.

Charles le Sage ne les convoqua la première fois que pour leur soumettre l'appel que la Guienne avait fait au roi, en cour des pairs, du traité de Brétigny, qui l'avait livrée aux Anglais. Les États furent d'avis d'agréer l'appel; c'était recommencer la guerre, mais le roi eut l'habileté de n'y pas parler d'impôts; seulement, quelques mois plus tard, les réunissant de nouveau et leur rappelant leur décision qu'il s'agissait de soutenir, il en obtint sans difficulté (1369).

Avec Charles VI commence une nouvelle période de malheurs. Comme aujourd'hui, sous le souffle de nos révolutions modernes l'Europe entière était en fermentation ; tant il est vrai qu'il n'y a rien de nouveau sous le soleil. C'était l'époque des Bourguignons et des Armagnacs, des Maillotins et des Cabochiens en France, des républiques *démocratiques* en Italie, des Rienzi à Rome, des soulèvements à la voix d'Arteweld en Flandre, des séditions avec Wat-Tyler en Angleterre. On conçoit qu'au milieu de cette fermentation universelle un nouveau règne ait excité l'émotion publique : *Novus rex, nova lex, novum gaudium!* s'é-criaient les peuples. On prédisait l'abolition des impôts, mais on fut bien déçu : car la rapacité des oncles du roi excita une rébellion formidable, et le gouvernement, obligé de céder à ces démonstrations, demanda aux états généraux réunis à Compiègne le rétablissement des impôts nécessaires. Les états en référèrent à leurs provinces, et, d'après la réponse des provinces, ils refusèrent net. Du reste, l'armée royale ayant été victorieuse à Rosebec, le roi entra triomphalement à Paris, l'on rétablit les impôts malgré les états, et de trente ans ceux-ci ne furent plus convoqués (1382).

Même opposition en 1412. A la demande de subsides pour faire la guerre aux Anglais, ils répondirent en se plaignant d'abus criants et en disant de faire rendre gorge à ceux qui s'étaient enrichis des reliquats d'impôts antérieurs. Il en résulta une bonne ordonnance, celle de 1413 (1).

Nous voudrions maintenant passer sous silence cette honteuse

______

(1) Parmi les commissaires nommés par ces états, on remarque pour la première fois le trop célèbre évêque de Beauvais, Pierre Cauchon, qui devint l'accusateur de Jeanne d'Arc

assemblée de 1420, où le traité de Troyes fut ratifié, où des hommes stipendiés par le duc de Bourgogne, se disant les états généraux de France, dérisoirement convoqués au nom du roi en démence, reconnurent Henri de Lancastre pour roi de France ! Mais tandis que la France subissait cet abaissement, le dauphin fugitif, en appelant à Dieu et à son épée, convoquait aussi d'humbles états, incomplets il est vrai, mais dévoués, à Meun-sur-Yèvre, qui lui offraient « leurs corps et leurs biens, juraient de le servir envers et contre tous, sans nul excepter, jusqu'à mort, inclusivement » (1426). L'évêque de Poitiers s'y fit l'organe des plaintes de la nation sur les pilleries des gens de guerre, en termes si forts que le sire de Giac proposa de le jeter à l'eau ; mais le roi Charles écoutait patiemment, et de là germa dans sa pensée le dessein d'organiser une armée permanente, pour mettre un terme à ces maux. Ainsi c'est à cette humble assemblée qu'est due l'une des plus salutaires réformes qu'ait opérées la monarchie, réalisée plus tard en 1439 aux états d'Orléans, lesquels accordèrent une taille perpétuelle pour le licenciement des bandes et l'entretien d'une armée. Entre ces deux époques il y eut deux autres assemblées, l'une à Chinon, l'autre à Tours, pour justifier les coups d'état du connétable de Richemond contre les favoris, pour ratifier le traité d'Arras et pour trancher l'éternelle question de paix et de guerre avec les Anglais. Constatons seulement que la guerre et l'impôt ressortissent désormais exclusivement du roi, l'ère féodale expire ; c'est un progrès dû au concours des états généraux.

Il n'y eut qu'une seule convocation des états généraux sous Louis XI, prince trop ombrageux, trop jaloux pour partager souvent son autorité. Du reste fit-il, en les convoquant, un coup de maître. La ligue qui se disait hypocritement du bien public en avait appelé à eux. Le roi, qui par le traité de Conflans livrait la Normandie au duc de Berry, voulant éluder les concessions qu'on lui avait imposées, fut ravi de l'occasion inespérée de faire tomber ses ennemis dans le piège qu'ils lui avaient tendu. Les états convoqués à Tours en 1468 répondirent au discours, où le chancelier avait imputé les maux du royaume à l'ambition des grands, particulièrement des ducs de Berry et de Bretagne, par leurs doléances sur les malheurs des peuples, en suppliant le roi d'y porter remède, s'il pouvait résister à l'ambition des grands ; ensuite ils déclarèrent la Normandie inaliénable, déci-

dèrent que le duc de Berry devait se contenter d'un apanage de
60,000 livres, avec une terre en titre de duché, et cela sans con·
séquence pour l'avenir; qu'enfin les ducs de Bretagne et de Bourgogne étaient invités à respecter la décision des états.

Le roi avait habilement intéressé le peuple à l'inexécution de
conditions qu'il n'avait jamais eu l'intention de réaliser. La
physionomie de ces états eut ce trait caractéristique que les
ordres y semblèrent confondus et que les procès-verbaux appellent indistinctement les membres de cette assemblée : *députés
des villes*.

Arrivons à la minorité de Charles VIII. Le parti d'Anne de
Beaujeu et celui du duc d'Orléans se disputant la régence, les
représentants de la Bourgogne et de la Normandie proposaient
qu'elle appartînt au moins en partie à des conseillers nommés
par les états. Guillaume Pot, gentilhomme bourguignon, défendit cette opinion avec une grande éloquence, mais les prérogatives des princes du sang trouvèrent aussi de chaleureux dé-
fenseurs. Bref l'assemblée n'osa prendre sur elle de faire une loi
de régence, le vote décida qu'on laisserait au jeune roi le choix
de ses propres conseillers et que douze d'entre eux seraient pris
dans le sein des états.

On discuta ensuite les impôts; discussion semblable à celle du
budget dans les assemblées de nos jours. On débattit les dépenses personnelles du roi, c'est-à-dire ce que nous appellerions
aujourd'hui *sa liste civile*. Le chiffre de 1,500,000 livres que l'on
demandait fut trouvé exorbitant; les députés proposaient seulement les 1,200,000 livres dont avait joui Charles VII, comme
plus que suffisantes pour son petit-fils, tandis que les familiers du
prince se récriaient. Enfin, par composition, on adopta la dite
somme annuelle de 1,200,000 livres, plus une autre de 300,000
une fois payée pour joyeux avénement.

Cette fois encore les trois ordres délibérèrent confondus; mais
ces états furent plus importants, plusieurs provinces nouvelles y
ayant été représentées. Leurs cahiers furent rédigés en divisant l'assemblée en six sections, ayant chacune sa salle hors de la salle
générale; rapport sensible avec nos bureaux d'aujourd'hui. Le
cahier définitif traitait : 1° des libertés de l'Eglise gallicane, 2° des
diverses prérogatives de la noblesse, 3° des remèdes propres à
l'épuisement des finances, 4° des misères populaires dont on fait
une peinture navrante, et du désordre des gens de guerre, 5° de

la vénalité des charges et de sa suppression, 6° de la périodicité des états et de l'opportunité de les convoquer au bout de deux ans. A cet égard il fut proposé d'attendre la réponse du roi et du conseil de régence, afin qu'ils fussent ainsi engagés. Malheureusement cette affaire, qui eût pu fixer notre véritable constitution, n'eut pas de suites.

Tels furent les états de 1484. Ils se distinguèrent particulièrement par l'accord des idées les plus libérales avec le respect pour la royauté, et offrent cette particularité que l'on y voit tout le monde, tiers état, clergé, noblesse, gens du roi, se faire honneur de défendre les intérêts du peuple (1).

Louis XII n'eut guère besoin de convoquer les états généraux; son amour du peuple allait au-devant de la diminution des impôts. La seule assemblée de ce genre qui eut lieu sous son règne lui décerna le titre de *père du peuple*, mais refusa de ratifier et déclara inexécutable le traité par lequel Claude de France était fiancée à Charles de Luxembourg, avec la Bretagne, la Bourgogne et le Milanais pour dot; ces belles provinces furent ainsi conservées à la France.

François Ier ne convoqua que les états de Bourgogne. Ils refusèrent de ratifier le traité de Madrid par lequel cette province eût été aliénée. Henri II, son successeur, ne réunit que les notables.

Avec les querelles religieuses commence une nouvelle ère de fermentation dans les esprits. *Tenue d'états* et *conciles libres*, demandait-on de toutes parts. Les catholiques y croyaient pouvoir étouffer les sectes naissantes, et les sectaires se flattaient d'étaler leurs doctrines au grand jour et d'arriver à la liberté de leur culte. Ce fut dans ces circonstances, sous François II, qu'une convocation d'états fut faite, à Meaux d'abord; puis ils furent transférés à Orléans, et ce prince étant mort avant la réunion, ce fut Charles IX, son frère, qui fit l'ouverture. Je laisse à penser si la lutte entre les partis fut ardente. Comme de nos jours, les élections populaires furent d'abord un champ clos. Le chancelier de L'Hôpital s'empressa, dans son discours d'ouverture, de faire appel à la tolérance et à la concorde. Il présenta un compte exact des recettes et dépenses de l'État et concluait par une demande de subsides. Tous les ordres présentèrent leurs cahiers, demandant l'unité de religion, un concile général, des réformes religieuses

_____

(1) On y fit défense de jamais saisir les bêtes et instruments du laboureur.

et politiques, des institutions civiles et administratives réalisées en ces temps postérieurs. On est étonné de trouver déjà dans ces anciennes institutions le germe de progrès dont se vantent les idées modernes, et dont la première pensée remonte à nos vieux états. Ceux d'Orléans, par exemple, demandaient la suppression des douanes de province à province, l'*unité des poids et mesures*, l'extension de l'instruction populaire, etc... On voit encore cette assemblée finir par un vœu de périodicité des états généraux. La question des impôts fut réservée, les députés ne se croyant pas munis d'un mandat suffisant. Ils demandèrent donc une réunion d'états provinciaux, et lorsqu'ils eurent été de nouveau convoqués par ceux-ci, ils revinrent, quoique en beaucoup plus petit nombre, à Pontoise (1561), et se signalèrent par une certaine animosité contre le clergé, car déjà l'on proposa d'employer les biens de cet ordre à payer les dettes du roi. Le clergé conjura l'orage en offrant un don gratuit de 15,000 livres et l'assemblée y ajouta un impôt sur les boissons. Elle en revint ensuite aux états d'Orléans, et déclara surseoir à toute délibération tant que leurs cahiers ne seraient pas convertis en lois de l'État. Le chancelier de L'Hôpital dut satisfaire à cette exigeance, et les ordonnances d'Orléans, de Blois, de Roussillon et de Moulins furent rendues conformément aux vœux des états d'Orléans. C'était donc un pas de plus des états généraux vers l'autorité législative; mais le chancelier, pour contre-balancer leur influence, fit enregistrer la première ordonnance par le parlement. Du reste, ni le parlement, ni les députés des états n'en furent satisfaits, le premier à cause d'innovations qui lui déplaisaient, les seconds à cause des changements de forme qu'ils y virent. Le chancelier triompha néanmoins de leur résistance en opposant l'une à l'autre ces deux institutions, déjà rivales.

Cependant Henri III montait sur un trône ébranlé, prince luimême bien au-dessous de sa tâche en des temps difficiles. L'édit de pacification accordant aux huguenots la liberté de conscience, des places de sûreté, des chambres mixtes dans les parlements, et conséquemment une importance formidable, avait soulevé une explosion de mécontentement dans l'opinion publique. Cette fois encore la voix générale, celle des huguenots eux-mêmes, demandait les états généraux. Ils se réunirent à Blois, le dimanche 6 décembre 1576. Le roi les ouvrit en personne, et trouva d'émouvantes paroles pour dépeindre la misère publique, conjurant paternellement tous les députés d'oublier leurs divisions pour travailler au soulagement commun. Les trois ordres, sauf une faible minorité, reconnurent le roi pour chef de la ligue naissante ; ils le conjurèrent de révoquer l'édit de pacification en maintenant fermement l'unité de religion dans l'Etat, sans en souffrir d'autre que la religion catholique ; mais, chose remarquable ! pourvu que ce fût par la douceur, sans violence, et sans en venir aux armes. Il fut aussi question des impôts, mais sans grand résultat ; la noblesse offrit ses bras pour la guerre, le tiers état refusa toute espèce de subsides et dénia même au roi la faculté d'aliéner une portion de son domaine pour payer ses dettes ; le clergé se mit seul en frais, en s'engageant à soudoyer quatre mille hommes de pied et mille chevaux. Deux ans plus tard seulement, l'ordonnance de Blois fut rendue en conformité aux cahiers de ces états, mais dans l'intervalle le roi avait repoussé la proposition du tiers état de déclarer ces cahiers lois de l'État ; et il avait ajourné sa réponse à la fin des troubles. On s'était donc séparé peu satisfait. Le roi leva de sa seule autorité et par lettres patentes une taille de 1,200,000 livres pour subvenir aux frais de la guerre.

Le 16 octobre 1588 s'ouvrirent encore à Blois ces fameux états généraux qui devaient aboutir à l'assassinat du duc de Guise, et dont la dispersion devait être un nouveau signal de guerre civile. Dans un noble et fier discours d'ouverture, le souverain avait flétri en termes couverts, mais transparents, l'ambition dominante des Guise. Quelque abaissée que soit la majesté royale, elle se redresse encore et trouble les regards de ceux qui la foulent aux pieds. Ce suprême effort fut le dernier, et sous les coups de ses ennemis elle allait tomber plus bas encore. Les paroles du roi avaient frappé juste ; les princes lorrains d'abord étonnés conjurèrent néanmoins l'orage, et lorsqu'on livra à l'impression le discours royal, le prince dut en rayer le passage trop hardi. Ce n'était là qu'un premier affront : car, se faisant forts de l'expérience du passé, les nouveaux états tendirent à procéder cette fois plutôt par résolutions obligatoires que par vœux et doléances, ils réclamèrent un édit qui déclarât le roi de Navarre inhabile à succéder ; enfin tout le ton de cette assemblée inspirée par les Guise à de fougueux ligueurs, porte l'empreinte d'une énergique animosité. Le roi dévorait son humiliation en silence et cédait aux circonstances ; mais son ressentiment s'amoncelait : il vit dans le duc de

Guise un ennemi, que dis-je? un rival, et il organisa la ven-
geance ; mais un outrage n'est pas vengé par un crime, c'est ce
qu'oublia la majesté royale. Le chef ligueur avait bien dit : « Ils
n'oseront!. . » Mais on avait relevé le défi, la mesure était com-
ble, il fut poignardé avec son frère. Alors les arrestations se
multiplièrent, les états se dispersèrent, des milliers de bras levè-
rent le drapeau de la guerre civile, et le crime déjà prochain de
Jacques Clément ne devait point y mettre un terme.

La ligue tint aussi ses états. C'était à Paris pour une circonstance des plus solennelles : il s'agissait ni plus ni moins que de
déclarer le trône vacant et d'élire un roi. Henry de Bourbon, qui
méditait déjà de revenir à la foi de saint Louis, ne crut pas voir
en eux précisément des ennemis. Maître d'une partie de la France,
sous les murs de Paris, il les laissa convoquer et se réunir sans
obstacles, et, qui plus est, il laissa des gentilshommes catholiques
de son parti entrer en pourparlers avec les députés. De leur
côté, les états de la ligue révélèrent de nobles tendances; ainsi les
prétentions étrangères trouvèrent constamment chez eux une
opposition énergique et le roi d'Espagne dut comprendre, à leur
attitude, que, si la France ne voulait à aucun prix d'un roi hu-
guenot, elle ne voulait pas davantage de la domination étrangère
et n'abolirait jamais la loi salique. L'abjuration d'Henri IV et son
entrée à Paris mirent fin du reste à ces états. Le roi n'en convoqua pas d'autres.

Après sa mort la confusion et l'anarchie redevinrent mena-
çantes, et l'on recourut encore aux états généraux. Toute la
France espérait voir cette institution acquérir la permanence et
« corroborer le gouvernement, » comme dit un de leurs historiens, par l'interposition des grands corps de l'État.

Quand donc s'assemblèrent les états de 1614, on pouvait croire
à l'ouverture d'une ère nouvelle dans la constitution monarchique,
et l'opinion générale s'attendait pour le moins à les voir se réunir
dans l'avenir à des époques périodiques.

L'attente générale fut trompée; la constitution française avorta
dans son développement; ce n'était qu'à cent soixante-quinze
ans de distance qu'ils devaient reparaître sur la scène, et à la
veille de quelles catastrophes!

Le tiers état joua en 1614 le rôle principal; il s'éleva encore
contre la vénalité des charges, particulièrement contre un droit
nommé la *paulette* levé annuellema t sur les magistrats. Il ré-

clama la réduction des tailles et des pensions multipliées outre mesure. La noblesse et le clergé ayant refusé de s'y associer, le tiers-état présenta seul sa requête au roi, qui promit de supprimer la vénalité des charges et de restreindre les pensions, mais il ne pouvait encore diminuer les tailles.

La noblesse émit le vœu de voir instituer un ordre militaire ; serait-ce cette demande qui aurait inspiré plus tard à Louis XIV l'établissement de l'ordre royal de saint Louis ?

Pour aider au rétablissement de l'équilibre financier, l'idée fut émise de l'établissement d'un mont de piété.

La question gallicane excita d'orageux débats. Le tiers avait proposé de déclarer la couronne indépendante de toute autre puissance que de Dieu, et de dénier à aucun pouvoir sur la terre le droit de déposer les rois ; idées un peu nouvelles à cette époque, dont l'on voulait rendre l'enseignement obligatoire à tous les professeurs et le serment nécessaire. La noblesse et le clergé se récrièrent hautement, surtout contre un serment à l'instar de celui qu'on imposait aux catholiques anglais. Le tiers-état retira sa proposition.

Miron, prévôt des marchands et député de Paris, se distingua particulièrement aux états de 1614. Sa pathétique éloquence signalait les souffrances populaires, les abus, les réformes avec une verve remarquable. Sa harangue de clôture, résumé condensé de ses plaintes et de ses vœux, contient par avance et en aperçu, presque tout ce qui fait le sujet des ordonnances et des codes de Louis XIV, que se sont appropriés les législations modernes (1). Règlement sur les dots, les testaments, les héritages, les séparations de corps, tout y est indiqué.

Malgré la promesse d'avoir égard aux cahiers des états, ceux-ci furent dissous au milieu d'une déception à peu près générale.

Ici finit la suite de ces mémorables assemblées, où nos rois communiquaient avec les peuples, et qui contenaient le véritable élément de la constitution française, si l'on n'en avait point étouffé les développements. Les états de 1614 furent comme le dernier mot de leurs tendances ; il suffit d'examiner l'enchaînement des faits pour s'en convaincre. En effet, quand Philippe le Bel recevait les représentations des jeunes communes au sein des états, la royauté sortait de ses langes, luttant contre la féodalité, et

____

(1) Voir à cet égard Poirson, *Études sur les états de 1614*, p. 51. Voir aussi Rathery, *Histoire des états généraux de France.*

pour trouver un auxiliaire utile, s'appuyait sur le peuple. Elle
persévéra dans ce système, et nos assemblées d'états, en dehors
des temps d'anarchie, sont marquées, cette alliance aidant, par
les progrès du pouvoir royal. Le peuple d'autre part, se voyant
émanciper, grandir avec la royauté tendait à la regarder comme
sa protectrice, à la défendre, à l'armer d'un pouvoir fort. Par
l'abaissement des grands, il aspirait à l'*égalité*, mais l'égalité pour
lui répondait au pouvoir absolu de la royauté : aussi les états de
1614 sont-ils la dernière expression de ces tendances et de cette
alliance. Le tiers, déjà devenu puissance dans l'État, surexcité en
outre par les hauteurs des ordres privilégiés (1), s'y passionne
pour la royauté ; de là ses propositions ultra-gallicanes, de là une
multitude de vœux, de harangues pour l'armer d'un pouvoir dic-
tatorial, absolu. La royauté prit au mot la nation ; Richelieu vint,
Louis XIV régna, il n'y eut plus de contrôle. Toutefois, en exer-
çant son pouvoir sans limites, la royauté resta d'abord fidèle à
sa vieille politique et continua, sans les états, celle qu'avait suivie
jadis son alliance avec eux, savoir : l'humiliation des grands, la
protection des classes populaires. De là les rigueurs de Richelieu,
de là la tendance de Louis XIV à élever aux emplois les hommes
de naissance obscure ; aussi le fier duc de Saint-Simon appelle-t-
il ce règne avec rancune le règne *d'une vile bourgeoisie*. Mais le
tort de la royauté fut d'agir désormais seule et sans ses vieux auxiliaires ; elle cessa de convoquer les états généraux, telle fut la
cause éloignée de sa perte. Bien à tort, craignant leur retour, leur
périodicité, prenant l'agitation salutaire qu'ils excitaient pour un
inconvénient capital, tandis qu'elle n'était qu'un inconvénient se-
condaire, la couronne, au lieu d'alliés, crut voir en eux des rivaux ;
méprise fatale, qui lui fit abandonner et discréditer l'œuvre des
anciens rois. Tant qu'elle ne se servit de la puissance absolue que
pour agir conformément à la politique tutélaire des temps passés,
l'absence des états fut moins désastreuse ; mais quand Richelieu
et Louis XIV eurent disparu, une nouvelle ère, un revirement
complet furent inaugurés par la régence. Dans cette réaction aris-
tocratique contre la *vile bourgeoisie*, l'on écarta de tous les

(1) Le clergé et la noblesse montrèrent au tiers beaucoup de hauteur, se quali-
fiant du titre d'aînés de la nation. On fit alors ce quatrain :

O noblesse, o clergé, les aînés de la France,
Puisque l'honneur des rois si mal vous défendez,
Puisque le tiers état à ce point vous devance,
Souffrez que vos cadets deviennent vos aînés.

emplois tout ce qui ne tenait pas à la noblesse. La minorité de
Louis XV, ses amours, puis l'indécision de l'infortuné Louis XVI
laissèrent cette politique nouvelle prendre le contre-pied de l'ancienne politique de nos rois (1). C'est alors qu'il eût fallu avoir
près du trône les représentants de la nation; mais les états généraux étaient tombés en désuétude, ils ne pouvaient plus élever
leurs doléances vers les rois. Plus de mandataires, plus d'organes
capables d'avertir la politique royale de rentrer dans sa voie naturelle. Dès lors une politique fausse fut identifiée avec la royauté,
les nuages s'amoncelèrent, les classes inférieures fermentèrent,
le feu couva sous la cendre, l'incendie révolutionnaire éclata.
Peuple, magistrature, royauté, se souvinrent alors de ces anciens
états généraux de la France, ressource des temps passés; on les
demanda avec passion, ils furent convoqués. Hélas! quand la
constitution d'un homme robuste est en souffrance, il lui faut un
remède énergique, même violent; mais lorsqu'il est affaibli par
une trop longue maladie, le remède, appliqué trop tard, ne le
sauve plus, il le tue. Tel fut le sort de la monarchie; affaiblie par
une longue souffrance, ruinée par le philosophisme et l'irréligion,
déviée de sa politique traditionnelle et populaire, elle voulut revenir au remède salutaire des anciens âges, il était trop tard; la
violence du remède n'étant plus proportionnée à la force du ma-
lade, la monarchie succomba.

Faut-il en conclure que l'institution fut mauvaise? Non, certes!
Faut-il en conclure que les états généraux, convoqués irréguliè-
rement sans droits bien définis, aient été inutiles? Pas davantage.
Nous avons montré au contraire les mesures utiles qu'ils ont pro-
voquées, les secours qu'ils ont prêtés au roi. Un auteur, que nous
citerons pour résumer cet aperçu historique, auteur impartial il
est vrai, mais généralement animé d'une sympathie médiocre
pour toutes les institutions antérieures à la révolution, dit en
parlant d'eux :

« La plupart des grandes mesures administratives de l'ancienne monarchie furent proposées par les états généraux, quelque fois violemment imposées, mal exécutées et compromises par

(1) Voir à cet égard une brochure très-remarquable publiée en 1848 sous le titre
de *Politique royale*. Tout y est marqué au coin d'un profond discernement de la
vérité. L'auteur anonyme de cette brochure fait ressortir, par l'exposé et l'enchaînement des faits, quelle fut la politique constante de la royauté; comment elle fut
dénaturée ensuite, et comment vint le malheur qui tourna le peuple contre elle
et contre la révolution.

les excès révolutionnaires; mais après les crises ces gouvernements, instruits par l'expérience, appliquaient avec prudence les
réformes indiquées. Ainsi Charles V profita des mesures adoptées
par les états de 1336 ; Charles VII, Louis XII et François Ier s'ins-
pirèrent plus d'une fois des états de 1438, 1483 et 1506. Les célèbres ordonnances de L'Hôpital (Orléans 1561, Moulins 1566)
furent précédées d'assemblées d'états et de notables. Les états de
Blois en 1576 préparèrent l'ordonnance de 1579, qui compléta
les réformes de L'Hôpital. Enfin, les assemblées de 1614, de 1617
et de 1626 (1) proposèrent la plupart des mesures qui ont fait la
gloire de l'administration intérieure de Richelieu et de Colbert (2). »

III

ÉTATS PROVINCIAUX.

Beaucoup de provinces avaient aussi leurs états, et l'on appelait ces provinces *pays d'états*, en opposition à celles qui étaient
administrées sous des agents directement *élus* par le roi, appe-
lées au contraire *pays d'élection*.

Les états provinciaux eurent souvent une très-grande importance, particulièrement lorsqu'on ne convoqua plus les grands
états, et sous Louis XIV on fut à même d'apprécier la différence
d'administration qui existait entre les heureux pays d'états et les
provinces soumises trop souvent aux exactions d'administrateurs
avides.

Les états provinciaux tinrent même quelquefois lieu d'états
généraux. Nous avons vu que durant la captivité du roi Jean, ces
derniers étaient divisés en deux grandes catégories : ceux de la
langue d'oil pour le nord et ceux de la langue d'oc pour le sud ;
nous avons vu également que leur esprit était bien différent,
les uns étaient aussi dévoués que les autres étaient turbulents.

Depuis lors, la nuance fut plus tranchée. Sous Charles V les
états de Languedoc continuèrent à la royauté l'appui de leur concours dans la lutte nationale. Il en était de même ailleurs ; un

(1) Les dernières assemblées citées furent seulement des assemblées des notables.
(2) *Dictionnaire historique des institutions, mœurs et coutumes de la France.*
par A. Cheruel. Article *États généraux.*

auteur moderne énumère ainsi les services des états provinciaux à cette époque :

« Le malheureux règne de Charles VI fut, comme les précédents, signalé par les généreux sacrifices des pays d'états. Les états provinciaux s'assemblèrent sur plusieurs points. Les baillages du Velay, du Valentinois et du Vivaray firent, en 1381, avec les sénéchaussées d'Auvergne et du Gévaudan, une confédération pour la défense commune, et fournirent des subsides pour la défense du territoire. Les états du Rouergue établirent en 1385 une imposition locale pour assurer la tranquilité des grands chemins, que troublaient d'audacieux aventuriers; ceux du Languedoc réunis à Rodez, en 1387, votèrent, pour l'expulsion des Anglais, 250,000 livres d'or. Cet exemple fut imité en 1390 par les trois états de la sénéchaussée du Limousin. Les états du Dauphiné, réunis à Romans de 1398 à 1400, votèrent, à l'occasion du mariage de la fille de Charles VI avec le roi d'Angleterre, une taille de quatre gros par feu sur tous les contribuables. Plus tard, les factions rivales des Bourguignons et des Armagnacs furent apaisées par l'intervention des états du Gévaudan, qui profitèrent, ainsi que d'autres, des divisions intestines pour étendre leur propre puissance (1). »

« Il serait superflu, lisons-nous encore, de pousser plus loin la nomenclature des preuves du dévouement et de la fidélité des provinces. Quel esprit serait assez prévenu pour ne pas y voir la plus éclatante apologie des institutions et des libertés locales?

« Charles VII, rétabli par elles sur le trône de ses pères, s'empressa de les confirmer sur tous les points du royaume et y trouva plus tard un appui contre les complots de son fils et contre les derniers efforts des Anglais. Ce fut surtout à l'aide des secours du Languedoc qu'il chassa de la Guienne ses ennemis héréditaires, ce qui faisait dire aux états de Tours par les députés de cette province : « Jà ne sera trové que le dict pays fut oncques désobéissant à son souverain et naturel seigneur, ne refusant à le secourir en toutes ses affaires, quelque nullité ou povreté qu'il ait souffert (2). »

Citons, comme épisode, les états de Saintonge et d'Aunis en, 1422 signalés tristement par l'écroulement de la salle où ils

---

(1) Voyez M. Paquet, *Instit. prov.*, et les autorités qu'il cite, p. 51 et suiv.

(2) *De l'administration de la France, ou essai sur les abus de la centralisation*, par M. Béchard, député, avocat a la Cour de cassation. Paris, 1845.

étaient réunis; accident qui réjouit si bien le parti anglais que le duc de Bedfort donna des fêtes à cette occasion.

Comme les états généraux, ceux des provinces réclamaient et provoquaient des réformes. Vers 1445 ceux de Champagne votèrent des subsides pour le licenciement des bandes; en retour on leur promit la diminution des tailles, la suppression de la gabelle, la réforme des abus. En même temps ceux de Normandie se plaignaient d'infractions à la *charte aux Normands*. Charles VII leur confirma cette concession de Louis le Hutin, ce qui ne l'empêcha pas d'y déroger en évoquant les affaires du duché au parlement de Paris. Sous ce prince les états de Dauphiné en appelèrent au roi des exactions du dauphin. Il fallut y envoyer des troupes pour soumettre ce fils rebelle.

Quand il fut roi, ce dernier comprit l'utilité d'appuyer sur les libertés provinciales un pouvoir dont il était jaloux. Il n'y porta donc point atteinte; au contraire, un grand nombre d'états provinciaux furent tenus sous son règne, et il confirma expressément les priviléges de la Normandie, de la Guienne, du Dauphiné et du Languedoc.

Quand Charles VIII donna un parlement à la Bretagne, ce fut sur la demande pressante des états de ce duché. Etats et parlements de Bretagne! deux puissances unies, deux champions des libertés de la vieille Armorique!

C'est à cette époque que les états de diverses provinces concoururent à un progrès mémorable dans la législation. Une partie de la France était alors régie par le droit romain, droit écrit et positif; mais une autre portion n'avait d'autre règle que les coutumes vagues que transmettait la tradition d'une génération à l'autre. Nos rois, et particulièrement Charles VII et Charles VIII, entreprirent, avec le concours du conseil, de faire rédiger ces coutumes et de les perpétuer en les faisant écrire. Or, pour se conformer aux traditions locales et à l'esprit de chaque région, c'est aux états provinciaux que l'on confia ces rédactions.

François Iᵉʳ, par lettres de 1515 et 1522, que l'on appelait la *grande charte*, confirma les franchises du Languedoc : aucun officier ne pouvait être créé dans le pays sans le consentement des états. Cette province, après la bataille de Pavie, prit le deuil; des prières furent ordonnées pour la délivrance du roi et les états accordèrent une aide de 234,000 livres. En 1529, ces mêmes états déclarèrent qu'ils ne ratifieraient les traités de Madrid et de Cambrai que par une « crainte révérentielle (1). » Ceux de Bourgogne avaient mieux fait encore, car, consultés sur la clause désastreuse qui livrait à Charles-Quint leur belle province, ils déclarèrent ce traité nul, proclamant la Bourgogne inséparable de la monarchie française. Il est vrai de dire que François Ier avait compté là-dessus.

Lors des troubles du Languedoc, et de la rébellion qui coûta la vie au malheureux Montmorency, les états de la province se partagèrent; une fraction réunie à Pezenas soutenait les révoltés, sous la présidence de l'évêque d'Alby (et l'archevêque de Narbonne, président né des états du Languedoc avait protesté contre cette usurpation).

Sous Louis XIV, l'absence d'états généraux dut augmenter l'importance de ceux des provinces. Leur action fut toute nationale et monarchique, ce qui n'excluait ni la dignité propre, ni l'indépendance, ni la fidélité aux franchises provinciales. Ils savaient résister aux volontés trop absolues du pouvoir. Voici le langage que tenaient à Louis XIV en 1655 les états de Normandie : « Votre Majesté a témoigné à tout le monde qu'elle peut dans son État tout ce qui lui plaît. Il ne convient pas moins à sa justice, quand tout fait joug sous son autorité, de donner à connaître qu'elle ne veut que ce qui est raisonnable; et que sa bonté accorde librement aux très-humbles supplications de ses sujets la décharge des choses qui les grèvent. » Malheureusement pour la gloire du grand roi, ce langage si réservé porta ombrage; les états de Normandie furent supprimés! Il en fut de même du Maine, de l'Anjou, de la Touraine, de l'Orléanais, du Bourbonnais, du Nivernais, de la Marche, du Berry, de l'Aunis et Saintonge, de l'Angoumois, de l'Auvergne, du Quercy, du Périgord et du Rouergue. Le reste conserva ses états, savoir : le Languedoc, la Bretagne, la Bourgogne, la Provence, le Dauphiné, l'Artois, le Hainaut, la Flandre française, le comté de Pau, le comté de Foix, le Bigorre, etc.

Tandis que ces grands coups étaient portés aux institutions vitales de la nation, et malgré de si grandes fautes, la France, en but à la jalousie des autres nations voyait se former la ligue d'Augsbourg contre elle et son roi. Les états provinciaux offraient leur

____

(1) Dom Vaissette, *Histoire générale du Languedoc*, t. V, p. 130, cité par M. Béchard.

concours : la Bourgogne et la Provence augmentèrent d'un quart leurs dons gratuits, spontanément et sans réclamations; au moins les archives des provinces n'en font pas mention.

Malgré ses rigueurs, ce ne fut pas la seule circonstance où le grand roi dut se féliciter du concours de ses états de province, qu'il ne voyait cependant que d'un œil défiant. Après le traité de Ryswick, voulant tout à la fois restaurer les finances et diminuer les impôts, ce qui restait encore d'états provinciaux, fut invités à exposer les besoins de leurs pays, les institutions utiles à créer dans les contrées diverses de la France, les réformes à faire dans les administrations. C'est alors qu'on fut à même de constater quelle différence existait entre les pays d'élection et les pays d'états. Vauban, si habile dans l'art de fortifier nos places de guerre, ne savait pas moins apprécier les bienfaits de la paix, et, appelé par le roi à participer à ce travail organisateur, il remarqua le contraste que présentait la levée des impôts dans les uns et dans les autres. A la différence des provinces qui avaient conservé une représentation, c'était dans les pays dits d'élection une source d'odieuses exactions.

L'industrie, l'agriculture, jouissaient d'une prospérité supérieure dans ceux-là. L'activité de la circulation sur leurs belles routes aidait au développement de la richesse publique. Comment donc ne vit-on pas en ces libertés locales la garantie de l'autorité même? Comment n'en dota-t-on pas toute la France? Hélas! tout au contraire, la royauté crut un instant grandir sur leurs débris et se priva d'auxiliaires utiles pour le jour de la lutte et de la révolution. « Les états provinciaux avaient perdu une grande partie de leur indépendance au xviiᵉ siècle; la royauté eut seule le droit de les convoquer et régla leurs séances. Ainsi le gouverneur de Bretagne pouvait priver une ville du privilége de se faire représenter. En 1667, le nombre des députés que chaque ville devait envoyer fut fixé par une ordonnance royale. En 1687, le roi décida que les députés d'une même ville n'auraient ensemble qu'une même voix. Ces atteintes multipliées aux anciennes franchises des provinces provoquaient les plaintes même de ceux qui avaient perdu depuis longtemps le vif sentiment de la liberté. Madame de Sévigné dont le patriotisme breton est suspect, écrivait le 18 janvier 1690 : « Notre grande héritière (Anne de Bretagne) ne méritait-elle pas que son contrat de mariage fût fidèlement observé (1)? » Bien loin de reculer dans cette voie, Louis XIV déclara en 1702 que les maires et leurs lieutenants partageraient avec les juges le droit de représenter les villes aux états de Bretagne. Or, à cette époque les maires et leurs lieutenants étaient nommés par le roi, ainsi que la plupart des juges. Les élections du tiers état pour les états de Bretagne se trouvèrent presque entièrement annulées. Enfin le roi rendi aux villes le droit de s'imposer des octrois, qui, antérieurement, étaient concédés par les états. Les autres états provinciaux subirent également la domination des officiers royaux, qui partout avaient seuls droit de convoquer les assemblées et d'en diriger les délibérations (2). »

L'élève de Fénelon aurait peut-être ramené la monarchie dans ses voies, s'il avait pu réaliser les plans de son pieux gouverneur; mais la Providence, qui donne et retire la sagesse aux rois, ne l'appela point au trône. Elle ne fit que le montrer au monde et ne lui permit ni de rétablir nos états généraux ni de doter la

(1) Il est superflu de dire ici que la réunion de la Bretagne à la France remontait au double mariage de la duchesse Anne avec Charles VIII d'abord, puis avec Louis XII, sous cette condition formelle que le duché conserverait ses lois, usages et franchises, et serait gouverné comme un Etat indépendant.

Voici le passage entier de Mme de Sévigne « J'admire que si vous étiez à la place du roi vous voudriez donner cette nomination au gouverneur de Bretagne. Vous voyez pourtant que depuis Charles VIII aucun roi n'y avait pensé, et, sans un ennemi qui veut se distinguer par cette offense, on ne songeait pas a venir demander au roi le nom de celui que toute la Bretagne designe en pleins états pour venir rendre les hommages a Sa Majeste... Est-ce une chose bien naturelle qu'un gouverneur, dans sa province, choisisse ses députés? Les autres gouverneurs de Languedoc et de Provence, d'ailleurs, en usent-ils ainsi? Pourquoi faire cette distinction a l'égard de la Bretagne, toujours fière, toujours toute libre, toute conservee dans ses prérogatives, aussi considérable par sa grandeur que par sa situation? .. Enfin, notre grande héritière ne méritait-elle pas que son contrat de mariage fût fidelement observé? »

« Il est vrai, dit également ailleurs Mme de Sévigne, au sujet des soldats envoyés en Bretagne, qu'ils ne font que passer; mais ils vivent comme en pays de conquête, nonobstant notre bon mariage avec Charles VIII et Louis XII. » (8 décembre 1675.)

« Tout le monde plaint bien M d'Harrouis (le trésorier général des états); on ne comprend pas comment il pourra faire, ni ce qu'on demandera aux etats, s'il y en a. Enfin, vous pouvez compter qu'il n'y a plus de Bretagne et c'est dommage! » (30 octobre 1675.)

« Je prends part à la tristesse et a la désolation de toute la province. On ne croit pas que nous ayons d'états; et, si on les tient, ce sera encore pour racheter les edits que nous achetâmes deux millions cinq cent mille livres il y a deux ans, et qu'on nous a tous redonnes, et on y ajoutera peut-être encore de mettre a prix le retour du parlement à Rennes... Me voila bien Bretonne, comme vous voyez; mais vous comprenez bien que cela tient a l'air qu'on y respire, et aussi à quelque chose de plus, car d'un bout a l'autre la province est affligee. » (20 octobre 1675)

(2) *Dictionnaire des institutions, mœurs et coutumes de la France,* par A. Chéruel, Article *Etats provinciaux*

France entière d'états provinciaux (1). Dieu avait sur la France des desseins de colère : il permit que la monarchie se privât elle-même de ses appuis et que le règne de Louis XV aidant, ce projet salutaire fût abandonné avec la futilité caractéristique du temps. Nous lisons, en effet, dans les *Etudes* de l'abbé de Mably : « Je ne sais qui avait proposé à Madame de Pompadour et à M. le duc de Choiseul d'établir des états dans toutes les provinces; mais je crois être sûr qu'ils avaient adopté cette idée. Des personnes qui gouvernent sans règles, malheureusement, ne veulent rien avec force; aussi les plats raisonnements de M. de Montmartel et les brusques saillies de son frère du Vernay suffirent pour qu'on ne songeât plus à troubler le despotisme de nos intendants. »

Le plus libéral des rois, Louis XVI, vint trop tard. Il voulait cependant revenir à la politique de ses ancêtres. Plusieurs économistes, notamment Turgot, Necker, Mirabeau père, plaidèrent la cause des libertés provinciales. « Les états provinciaux, disait ce dernier, seraient avantageux pour le peuple, sous le double rapport des intérêts matériels, évidemment mieux régis par les notables de la province que par des commis de la capitale..... Au prince donc le gouvernement; à l'ordre municipal l'administration du pays. » Louis XVI comprenait admirablement ces considérations, et par lettres patentes des 9 mai et 30 juillet 1779, il institua des assemblées provinciales en Berry et dans la Haute-Guienne. Dès lors on put voir d'après la collection de leurs délibérations sur l'impôt, les chemins, le commerce et autres, l'excellence de ces institutions (2).

Tel est le tableau sommaire des états provinciaux, tels furent leurs bons et leurs mauvais jours. On voit qu'ils étaient les intermédiaires entre la province et la royauté. « Il est certain, dit Philippe de Commines, que les *élections* coustent deux fois autant au roi et aux subjects que les *estats*; et en matière d'impôts, plus il y a d'officiers, plus il y a de pilleries; et jamais les plaintes et doléances des pays gouvernés par élection ne sont vues, lues, ni

(1) Dans le manuscrit original de son *Plan de gouvernement*, du mois de novembre 1711, l'archevêque de Cambrai embrasse tout le vaste sujet de la paix, de la guerre, de l'armée, de la marine, des fortifications, des dépenses de la cour, de l'impôt, de l'administration, de la noblesse, du clergé, de la justice, du commerce, etc. Il y propose de convoquer les états généraux tous les trois ans et d'établir des états particuliers dans toutes les provinces. Les états du Languedoc surtout avaient attiré son attention; il dit de cette province : « On y est aussi soumis qu'ailleurs et on y est moins épuisé. »

(2) Voir aussi *Essai sur les abus de la centralisation*, par M. Bechard.

présentées à qui que ce soit; on n'y a jamais égard, comme estants particulières. Et tout ainsi que plusieurs corps d'artillerie, l'un après l'autre, n'ont si grand effect pour abattre un fort que si tous ensemble sont détachés, ainsi les requestes particulières s'en vont en fumée; mais quand les colléges, les communautés, les estats d'un pays, d'un peuple, d'un royaume, font leurs plainctes au roy, il lui est plus malaisé de refuser. »

La majeure partie des beaux monuments, routes, canaux, aqueducs, etc... qui sont en France, sont dus aux états des provinces· En Provence, les ports de Marseille et de Toulon, les ponts de la Durance; en Languedoc, le magnifique canal du Midi, ceux de Saint-Pierre, de Gave et de Lunel, les ponts de la Garonne et de l'Aude, d'admirables chaussées, dignes des Romains, et une foule d'autres monuments sont dus aux états de ces deux provinces. Quand le voyageur passait de chemins rares et raboteux à des voies larges et faciles, il remarquait la transition subite des pays administrés arbitrairement aux pays de franchises et d'états.

Quels étaient la composition, l'organisation, les éléments des états provinciaux? Chaque province avait ses traditions. Les députés étaient généralement élus comme ceux des états généraux, selon les usages locaux, et chaque ordre y avait ses représentants, mais sans que la distinction des ordres se conservât partout au sein de l'assemblée. Ainsi en Provence et en Languedoc les ordres n'étaient plus considérés comme corps, mais on y votait à la pluralité des voix. Du reste, toutes les classes, nobles, bourgeois, artisans et laboureurs, y étaient représentées. Souvent ces assemblées se divisaient en commissions qui se partageaient les diverses branches de l'administration.

Dans toutes les provinces, le pouvoir central était représenté par aes intendants; mais dans les pays d'états ils avaient peu de part à l'administration.

Si des subsides étaient demandés à la province, c'était à ses états de se prononcer. Souvent ils y mettaient des conditions comme dans un contrat synallagmatique. « C'était le moment qu'attendaient les représentants des provinces pour obtenir le redressement des griefs et pour forcer le pouvoir qui désirait se ménager leurs faveurs d'accueillir leurs justes demandes. Ainsi se conciliaient l'esprit de liberté et la soumission au pouvoir (1). »

(1) Voir *Essai sur les abus,* etc., par M. Béchard, déjà cité, et auquel nous avons beaucoup emprunté.

Si ces institutions eurent, comme tout ce qui est terrestre, leurs jours mauvais, leurs troubles et leurs passions; si nous les voyons en lutte avec le pouvoir souverain, c'est toujours que les franchises locales sont menacées... Nous aurons à parler de la lutte du parlement et des états de Bretagne avec le duc d'Aiguillon; la grandeur et la justice de leur cause montrent encore alors l'importance de certains états. Il est vrai qu'en dernier lieu des scènes désastreuses se passèrent en Dauphiné, à la veille du cataclysme révolutionnaire. Les états furent élus malgré le gouvernement, assemblés en dépit des ordres du roi, et l'autorité militaire voulut en vain rétablir l'ordre. L'effusion du sang et la première humiliation de la royauté devant l'émeute en furent les résultats. On préludait ainsi aux états généraux de 1789.

Mais si, guidés par l'impartialité de l'histoire, et si, après avoir fait la part des passions et des hommes, nous nous élevons à un point de vue plus haut, nous observons que les états locaux, sauvegarde des vieilles libertés provinciales, furent des institutions respectables, dont l'existence était éminemment vivifiante. La monarchie s'est désarmée elle-même en amoindrissant ces centres de liberté, et s'est livrée le flanc découvert aux démolisseurs de monarchies. L'expérience le démontre : car les provinces les plus turbulentes, les plus ardentes à reprendre leurs libertés menacées, furent aussi les plus fidèles. Et certes, sous l'ancien régime que l'on nous peint si despotique, il y avait pourtant de rudes résistances. Il y avait donc aussi de la liberté. Et maintenant si nous portons nos regards aux jours de sang qu'on appelait par dérision le règne de la liberté, lorsque toutes nos vieilles institutions étaient anéanties, et que la France était courbée sous la terreur, qui résista?... Quelques provinces, les plus attachées jadis à leurs franchises, particulièrement la Bretagne, l'Anjou, la Vendée; les contrées les plus inflexibles jadis en face de la royauté, devenues les plus héroïques en mourant pour elle.

La révolution ne s'y était pas trompée, et dès le début elle avait effacé d'un trait de plume jusqu'au nom des provinces sur la carte de France, ce que jamais despotisme monarchique n'eût eu l'audace de tenter; mais hélas! c'était la monarchie qui, en frappant les privilèges provinciaux, lui avait préparé les voies.

Mais la révolution reconnut si bien l'excellence de ces institutions que, sous d'autres formes et sous des noms nouveaux, elle les reconstitua. Que sont nos conseils généraux, si ce n'est une imitation de ceux des provinces? Il est vrai qu'ils ne défendent plus de vieilles franchises et qu'ils ne sont plus considérés que comme des éléments de centralisation, sous la surveillance d'un préfet dont les attributions sont si étendues « qu'un volume, dit M. Béchard, ne suffirait pas à leur énumération détaillée, » et avec des bureaux tellement chargés de besogne que le moindre d'entre eux est « un petit ministère (1). »

A tout cela nous avons gagné d'être ou plutôt de nous croire sous le régime de la liberté, si bien que le sort de la France entière dépend d'une émeute parisienne, et qu'elle vit attentive au moindre mouvement de l'électricité, dont les fils multipliés l'enserrent comme une toile d'araignée et peuvent lui envoyer chaque fois qu'elle se réveille un gouvernement de fantaisie.

« L'on a dit avec raison, avance encore le même M. Béchard, que si la centralisation eût existé sous Charles VI, la France serait une province anglaise. »

IV

ASSEMBLÉES DES NOTABLES.

En dehors de la représentation des provinces ou de la nation, nos rois avaient souvent recours à d'autres assemblées, qui pouvaient être en certains cas d'une utilité incontestable mais qui eurent l'inconvénient de contribuer à faire oublier les institutions éelles de la monarchie. On préciserait difficilement la composition primitive et le mode de convocation des assemblées de notables : car, dans le principe, il ne devait exister d'autre règle à cet égard que la volonté du prince. Leur nature seule, essentiellement facultative, rendait évidemment variables les éléments qui les composaient. Le roi, qui trouvait en elles la facilité d'éviter une convocation d'états, pouvait introduire, à chaque nouveau cas, des modifications de toutes sortes. C'était donc en les appelant qu'une règle était donnée. On y convoquait des grands seigneurs, des évêques, des barons, des pairs, quelquefois des députés des villes, mélange qui ôte tout caractère distinctif aux premières de ces assemblées et qui empêche de distinguer

<hr>

(1) M. Béchard, *Essai sur les abus*, etc.

si elles étaient une réunion extraordinaire du grand conseil, une réunion spéciale ou même une assemblée d'états. Il en résulte que, selon les historiens, elles portent à la fois ces différents noms. Telle fut une assemblée tenue à Paris en 1304; telles furent aussi celles dont nous avons parlé ailleurs, tenues sous les trois fils de Philippe le Bel, et particulièrement celles de 1317 et de 1328, qui reconnurent les droits, l'une de Philippe V, l'autre de Philippe VI. Il ne faut pas croire cependant que les assemblées de notables eussent les mêmes attributions que les états; loin de là. Il ne peut y avoir de confusion que dans les temps incertains de leur origine. Les notables choisis par le roi n'avaient point la prétention de représenter la nation; ils savaient qu'ils n'avaient que voix consultative et ne pouvaient prétendre à légiférer; enfin, ils n'étaient composés souvent que de fonctionnaires. Il en résulta que les rois, trouvant dans les notables plus de facilités, glissèrent aisément sur la pente de les préférer aux états.

Louis XI usa beaucoup des réunions de notables des provinces, ou même des bailliages et sénéchaussées. On en compte jusqu'à quarante-sept sous son règne. Charles VII en convoqua une en 1445, près de Châlons-sur-Marne, pour l'une des œuvres de son règne, le licenciement des bandes armées. On y voyait des princes du sang, des grands officiers, des évêques, des docteurs de l'Université et des bourgeois. Tous éprouvaient le besoin de mettre un terme à tant de pillages et consentirent à l'établissement d'une taille perpétuelle pour l'entretien d'une armée permanente, qui défendît à la fois le territoire contre les ennemis du dehors, et les propriétés particulières contre les bandits du dedans. Les états provinciaux montrèrent également leur bonne volonté à cet égard.

Louise de Savoie, régente, convoqua en 1525 à Lyon une assemblée de notables des provinces environnantes. Objet de l'aversion populaire, après la bataille de Pavie, elle avait fui de la capitale, et passait, avec le chancelier Duprat, sa créature, pour la cause des malheurs publics : tous les deux, du lieu de leur refuge, cherchèrent par tous leurs efforts à les réparer.

Au retour de sa captivité, François Ier tint une assemblée analogue dans la salle du parlement de Paris, le 16 décembre 1527. Elle comprenait les officiers royaux, trois cardinaux, vingt archevêques et évêques, les premiers présidents des parlements de Toulouse, de Rouen et de Dijon, un président du parlement de

Grenoble, le second président du parlement de Rouen, le quatrième président du parlement de Bordeaux, le prévôt des marchands, les quatre échevins de la ville de Paris, trois conseillers
du parlement de Toulouse, deux de celui de Bordeaux, un de
celui de Rouen, deux de celui de Grenoble, et deux du parlement
d'Aix. Il s'agissait du traité de Madrid. L'assemblée le déclara
inexécutable, en ce qui concernait l'aliénation de la Bourgogne ;
mais elle vota deux millions d'or pour la rançon des deux princes
restés en ôtage, et assura le roi que nul n'épargnerait pour lui ni
ses biens ni sa vie.

Cependant, à travers mille vicissitudes, la France poursuivait
sa lutte contre l'empire ; François Ier avait légué à son fils sa couronne et son animosité. Les hautes classes de la nation partageaient l'ardeur belliqueuse du chef ; mais, comme à la suite de
toute longue guerre, les finances étaient dans un état déplorable ; tous les moyens de combler le déficit étaient épuisés ; les
aliénations du domaine, l'augmentation des tailles, étaient des
ressources usées. Restait la possibilité d'une taxe sur les classes
aisées : on se tourna de ce côté ; mais déjà cette fois on se défia
des états généraux et l'on essaya d'y suppléer par une réunion
de notables. Ils furent assemblés à Paris en 1557 (vieux style).
Henri II y appela les grands seigneurs, ducs et pairs, des prélats,
des députés des villes, des délégués de parlements, des représentants de la magistrature. Tout était merveilleusement préparé
pour un plein succès. Les représentants parlementaires, flattés
du nouveau rôle qu'on leur accordait, étaient favorablement disposés à la complaisance ; les hautes classes ne demandaient qu'à
guerroyer ; la nation entière fêtait joyeusement la prise de Calais ;
aussi les demandes du gouvernement furent-elles agréées. On dé
cida la levée de trois millions d'écus d'or sur les plus aisés du
royaume, et la magistrature offrit de compléter cette somme au
besoin. En attendant, les bailleurs de fonds recevraient la rente
au denier 12 jusqu'au remboursement du capital.

Cette assemblée eut pour résultat principal de donner aux rois
la tentation de recourir à ce moyen dans l'avenir plutôt qu'aux
états. Ils crurent suppléer aux uns par les autres d'une manière
commode. Illusion funeste ! car ce n'est pas en dissimulant les
écueils qu'on les évite, et l'on n'arriva qu'à égarer le navire de la
monarchie vers des dangers encore inconnus.

Ces assemblées acquirent dès lors une importance plus grande.

Henri IV en convoqua une dans la maison abbatiale de Saint-Ouen de Rouen en 1596. Il fit l'ouverture en personne et tint ce beau langage : « Messieurs, comme j'aspire plus au titre de libérateur et de restaurateur qu'à celui de grand orateur, je vous apporte plus de bonne volonté que de belles paroles. Je ne vous ai point assemblés pour vous obliger à approuver aveuglément toutes mes volontés, comme faisaient mes prédécesseurs ; je vous ai appelés pour recevoir vos avis, pour les suivre et me mettre en tutelle entre vos mains : c'est une envie qui ne prend guère aux rois à barbe grise et aux victorieux; mais l'amour que j'ai pour mes sujets et l'extrême désir que j'ai de rétablir l'État me fait trouver tout facile et tout honorable. » Si de si nobles intentions eussent été exprimées à des représentants élus par la France, il n'y manquerait rien.

Il y avait du reste des députés des provinces à cette assemblée. Les demandes des notables portèrent sur l'unité désirable dans l'administration des finances; mais Sully qui avait à cœur autant que qui que ce soit leur prospérité, ne pouvant y satisfaire, les éluda et ramena l'assemblée à d'autres idées. On vota l'*octroi* d'un sou par livre sur les denrées à introduire dans les villes. Ce droit n'était accordé que pour trois ans, mais on le continua indefiniment : aussi, accordé sans le consentement des états et prolongé arbitrairement, il enfanta des tentatives de révolte, particulièrement à Limoges et à La Rochelle (1).

Les états de 1614 furent suivis de près par une autre assemblée des notables tenue encore à Rouen. On s'occupa de la liberté du commerce, des abus de la vénalité, de la multiplicité des charges. Les résultats immédiats furent de peu d'importance.

Quand la tête du comte de Chalais fut tombée sous la hache du bourreau, Richelieu, pour détourner les regards de ce sanglant dénoûment et faire face à tous les embarras contre lesquels luttait sa politique, convoqua à Paris une assemblée des notables. Cette nouvelle porta la joie dans toutes les parties du royaume: car elle annonçait des réformes dans l'état désastreux des finances, et l'on parlait d'importants changements à introduire dans l'administration publique. Le roi fit aux Tuileries, le 1ᵉʳ décembre 1626, l'ouverture de cette assemblée, et le chancelier Michel de Marillac exposa le triste état des finances. Les luttes

(1) Voir Forbonnais, *Recherches sur les finances.*

religieuses avaient appauvri des provinces entières, il restait un passif de quarante millions, et c'était à peine si les revenus publics en couvraient la moitié. Le roi par économie supprimait les charges de connétable et d'amiral; Schomberg, secrétaire général de la guerre, déclara également que le roi n'aurait désormais que des soldats tous français.

La session dura trois mois. Richelieu la domina par son éloquence et son génie ; il fut la lumière de l'assemblée. Les résolutions prises furent la réduction des pensions au tiers, la nomination d'une commission chargée d'examiner quelles villes on pourrait démanteler, la fixation des droits d'entrée proportionnellement aux exigences des douanes étrangères, l'augmentation de la marine, l'établissement d'une compagnie de commerce semblable à celle de Hollande, enfin le soin de pourvoir aux emplois secondaires dévolu au roi plutôt qu'aux officiers de la couronne; c'était agir dans le sens des états généraux, et augmenter l'autorité royale aux dépens de la noblesse et des parlements.

Comme les états généraux de 1614, l'assemblée de 1626 fut la dernière en son genre jusqu'aux approches de la révolution.

Le glorieux règne de Louis XIV et celui de Louis XV formèrent une trop longue parenthèse dans le développement de notre constitution, et l'autorité sans limites de l'un, suivie des scandales de l'autre, devait léguer à la royauté les plus inextricables difficultés; Louis XVI en hérita.

Abus universels à réprimer, une guerre ruineuse à solder, et, au milieu de tant d'embarras, la révolte permanente des parlements, le tout joint à l'indécision d'un roi débonnaire, tout concourait à entraver la marche du gouvernement. Tous voulaient des réformes, personne n'y voulait sacrifier ses intérêts. Le roi désirait supprimer les abus, et la résistance parlementaire était le plus désastreux de tous les abus; enfin la dette publique était écrasante, et les classes privilégiées refusaient de se laisser imposer pour la couvrir. Dans ces circonstances épineuses, le ministre Calonne tourna les yeux vers d'antiques, mais oubliés usages. Peut-être songea-t-il dès lors aux états généraux; mais, effrayé d'un si grand parti, il se contenta d'inspirer au roi l'idée d'une assemblée des notables, après cent soixante ans d'interruption. Le roi lui-même en dressa la liste : on y comptait sept princes du sang, quinze prélats, trente-six gentilshommes, douze anciens ministres ou membres du conseil, seize députés des pays d'états, trente-huit officiers de cours souveraines, vingt-huit magistrats parlementaires ou municipaux. Dans le sein de cette assemblée, on remarquait aussi le marquis de Lafayette. C'était en 1787. L'opinion constamment en fermentation leur suggéra des idées d'opposition, et malheureusement on eut la maladresse d'en favoriser le développement parmi eux, en les mandant trop tôt et les retenant à Paris oisifs plus de trois semaines, sous l'influence de la capitale, en attendant qu'on fût prêt à ouvrir leurs délibérations. Le comte de Calonne exposa enfin les embarras du trésor : depuis la guerre d'Amérique, la dette publique était augmentée de 1,400 millions. Pour remédier au mal, il concluait par le mot banal de réforme des abus, et proposait d'étendre l'impôt du timbre et d'établir l'impôt d'un vingtième sur toutes les propriétés foncières indistinctement. C'était trop espérer d'une assemblée dont les membres étaient à peu près tous exempts jusqu'alors d'impôts; là donc éclata son opposition. Calonne dut se démettre de ses fonctions et céder la place au cardinal Loménie de Brienne. Plus populaire, celui-ci obtint quelques concessions : un emprunt de 6 millions, l'établissement d'assemblées provinciales pour la répartition de l'impôt, la suppression de la corvée et de plusieurs droits sur la gabelle. Mais lorsque l'assemblée fut close, il fallut compter avec les parlements. La suppression de la corvée et la libre circulation des grains finirent par être enregistrées; mais l'édit sur la subvention territoriale et celui sur le timbre soulevèrent la plus violente opposition. Chose étrange, il s'agissait d'étendre la subvention territoriale, dont le chiffre était déterminé, aux ordres privilégiés, et par conséquent, rien n'eût dû être plus populaire, et pourtant on vit un peuple imbécile applaudir sottement à la résistance d'un corps égoïste. Tout portait alors la révolution dans ses flancs : le peuple la respirait, la royauté la provoquait, nulle institution ne la conjurait plus; ainsi fut stérile cette assemblée des notables.

Elle ne fit même que hâter les événements, puisqu'elle procura au parlement l'occasion de prononcer le mot magique d'états généraux. Nous nous étendrons plus tard sur ce chapitre.

Une autre assemblée de notables, et celle-ci la dernière, se tint deux ans plus tard, pour régler le mode de convocation des états généraux. La question critique qui leur fut soumise fut la double question de savoir si les trois ordres y délibéreraient réunis ou séparés, et si les membres du tiers état y seraient plus nombreux que ceux des deux autres ordres. Le tiers avait pris avec le temps une importance qui rendait ces points d'une majeure importance : car d'une part, si l'on délibérait encore par ordre et si chaque ordre formait une voix, le tiers restait un contre deux, en face des ordres privilégiés; d'autre part, s'il ne comptait pas autant de membres que les autres ordres réunis, il subissait encore la loi de la majorité. L'opinion publique se prononçait hautement pour le *doublement du tiers*. L'assemblée des notables cependant se prononça pour la négative. Elle était composée de gentils-hommes et de prélats; un seul bureau, présidé par Monsieur, frère du roi, dont la voix détermina la majorité, fut pour l'affir-mative. Quant à l'autre question, elle ne fut pas tranchée et sa solution fut renvoyée aux états généraux eux-mêmes. C'était agrandir la difficulté en la reculant : car il était aisé de com-prendre quel germe de discorde et de conflits on réservait ainsi pour leurs débuts. Malgré l'opinion contraire des notables, le roi accorda le doublement du tiers et il étendit le droit électoral jusqu'aux dernières limites, puisqu'il n'y eut pas de paysan dans les campagnes qui n'eût à concourir à la représentation natio-nale.

Ici s'arrête la série de ces sortes d'assemblées.

V

CONSEIL DU ROI.

Nous avons énoncé déjà l'origine et les attributions du conseil du roi. Les souverains des deux premières races eurent leurs conseils; mais cette institution, près d'eux, fut souvent effacée par les conseils des seigneurs féodaux, comme le roi lui-même par ces puissants vassaux. L'ascendant des conseils féodaux sur celui du roi devint tel que le duc de France se servit du sien pour supplanter le dernier carlovingien. Il transforma dès lors son propre conseil en conseil du roi.

Avec la troisième race commence à proprement parler le véri-table développement de la monarchie française; avec elle com-mence également la puissance de son conseil. L'une, sortant des langes de la féodalité, va tendre tous les jours à dominer cette rivale, et son conseil sera son appui dans sa marche grandissante à travers les âges. La royauté était bien faible au milieu des grands feudataires, ses pairs; le conseil était humble aussi. Quelques seigneurs, souvent redoutables, quelques officiers de la couronne, des clercs, des prélats, furent d'abord appelés par le roi à son conseil, qui, sous les noms de *conseil*, de *parlement*, de *cour du roi*, de *plaid royal* ou même de *cour des pairs*, étendit petit à petit son influence. Sous Philippe le Bel, ses attributions étaient devenues, selon les expressions dont nous nous servirions aujourd'hui, législatives, administratives et judiciaires, sauf toutefois la ratification du prince. C'était après les délibérations de son conseil que celui-ci rendait des ordonnances, prononçait des arrêts ou sentences, confirmait ou cassait ses décisions. Le conseil cependant n'en arriva point là sans lutte, sans progrès conquis, et c'est ainsi que Philippe Auguste fut assez puissant pour recevoir tout recours au suzerain, tout *appel au roi en son conseil* des jugements rendus dans la hiérarchie féodale. Cette institution prêta un appui sûr à la reine Blanche de Castille, pendant la minorité de S. Louis, contre la turbulence des seigneurs. Il avait acquis à cette époque une prépondérance incontestée; les causes les plus importantes lui étaient soumises; les seigneurs reconnaissaient sa juridiction et la royauté s'en servait énergiquement dans ses propres progrès et pour l'émancipation des peuples. S. Louis avait une grande déférence pour son conseil. Sur l'avis de ce corps, il alla jusqu'à refuser au pape Innocent IV, poursuivi par l'empereur, un asile en France; mais il sut aussi le réformer et le réglementer. Il interdit à ses membres de recevoir aucun présent de leurs justiciables, et lui-même sut quelquefois décider contre leur avis, par exemple lorsqu'il fit la paix avec l'Angleterre; certains arrêts qu'il rendit se trouvèrent aussi parfois contraires à l'opinion émise par son conseil.

Philippe le Bel remania l'organisation du conseil du roi; il interdit aux vassaux toutes guerres privées, tant qu'il serait en guerre avec l'Angleterre, jugeant avec son conseil que la querelle du seigneur roi devait être la querelle de tous et les dissensions privées s'effacer devant elle; s'il en existait encore, c'était devant le conseil du roi que la féodalité soumise devait venir les vider pacifiquement.

Nous sommes à l'époque mémorable de la première réunion des états généraux, l'année 1302.

Philippe le Bel détermina ensuite les mesures disciplinaires, le mode des réunions, et donna force sans appel aux arrêts du conseil; mais ce qui fut la mesure essentiellement importante et mémorable de la nouvelle organisation, c'est que, par l'ordonnance de 1302, il en divisa les attributions et fonda deux grands démembrements de ses fonctions. Constitué d'une part *en parlement*, émanation directe du conseil primitif, il resta chargé, sous cette forme, de la dispensation exclusive de la justice; l'histoire de nos parlements commence là; c'est là que nous la reprendrons au prochain chapitre.

D'autre part restait le conseil proprement dit, chargé exclusivement, dans la nouvelle organisation, de l'administration du royaume. Il eut le soin des affaires politiques extérieures et intérieures, tantôt comme *conseil privé*, tantôt comme *conseil extraordinaire*, selon l'importance des affaires, et, sous cette dernière forme, on lui adjoignait les sommités féodales et ecclésiastiques. Il est ainsi la lumière et le guide des rois, qui le consultent sur toutes les mesures à prendre, et, tant que durera la monarchie, toutes leurs ordonnances sur la levée des aides, sur les monnaies, sur la gabelle, sur les réformes administratives, sur les rapports avec l'Eglise, sur les libertés de l'Eglise gallicane, sur les forêts, sur les poids et les mesures, sur les parlements et la justice, sur la chambre des comptes et l'Université, sur l'interdiction des guerres privées, sur les finances et l'agriculture, sur la paix ou la guerre, sur la réunion des villes ou provinces à la monarchie, sur les priviléges à octroyer, sur les transactions commerciales, sur le licenciement ou la répression des gens de guerre, sur les recensements, etc., etc. (1), seront rendues par le roi en son conseil, en son conseil étroit ou en son grand conseil. Ses attributions du reste sont encore très-variées : corps politique et tribunal (2).

Le conseil du roi le suivait d'abord partout, et le lieu d'où il datait ses ordonnances était celui où elles avaient été élaborées; de même, le nombre et l'époque des séances étaient alors indéterminés. Le roi convoquait son conseil pour chaque affaire de

____

(1) L'histoire mentionne particulièrement celles de Villers-Cotterets (1339), d'Orléans (1561), de Moulins (1566), de Blois (1579, etc., etc.

(2) Nous ne parlons pas ici d'une autre émanation du conseil : la cour des comptes.

valeur (1); mais à partir de Philippe le Bel cet état de choses n'est plus : l'ordonnance de 1302 réglemente les délibérations dans le plus petit détail, elle établit des chambres de droit écrit, des chambres des enquêtes, des chambres des requêtes.

Le conseil suit encore quelquefois le roi, mais le parlement est sédentaire à Paris.

Tel le conseil fut légué par Philippe le Bel à ses successeurs. La gloire du règne de Charles le Sage rejaillit sur son conseil. Ce prince porta des ordonnances réparatrices sur l'agriculture, le commerce et les finances, qui descendent dans mille savants détails; mais le malheureux règne suivant en fit perdre les fruits. Le conseil alors fut amoindri et participa pour ainsi dire de la démence royale; il devint lui aussi le vain jouet des partis. Tantôt docile au duc d'Orléans, tantôt soumis au duc de Bourgogne, il émet les décisions les plus contradictoires; tous les ambitieux s'en servent aux dépens de la couronne. Un essai d'énergie semble le ranimer contre les assassins du duc d'Orléans, il ose même ajourner l'orgueilleux duc de Bourgogne et porter, pour le cas de mort du roi, une ordonnance de tutelle dont il serait exclu; mais Jean sans Peur y répond par la rébellion et la terreur : il entre à Paris en maître, fait sanctionner au roi les brigandages de ses hordes, et remercier les factieux soldés par lui. C'était bien un roi fou qui proscrivait ainsi, sous des pressions contraires, Armagnacs ou Bourguignons; mais son conseil participait à cet abaissement par lâcheté. Il est vrai que chaque parti le remaniait tour à tour à son gré; mais il y avait un fonds de conseillers complaisants qui surnageait toujours : « ceux-là avaient beaucoup vanté dans le principe les ordonnances qu'ils s'applaudissaient alors d'anéantir, et déclaré qu'il fallait les insérer tout au long dans les annales de la France. » « Pourquoi donc leur demandait le religieux de Saint-Denis, avez-vous voulu qu'on les annulât? — C'est, lui répondaient-ils, qu'en nous pliant ainsi à la volonté des princes, nous conservions notre position à la cour. — Je pourrais bien, leur dit-il, vous comparer aux coqs des clochers qui tournent à tout vent (2). »

____

(1) Ordinairement aux fêtes. Il y avait le parlement de Pâques, celui de l'octave de la Toussaint, etc., etc.

(2) De Vidaillun, _Histoire des conseils du roi_ (_Revue contemporaine_, année 1853, t. IX, p. 372) Nous n'avons guère fait jusqu'au règne de Charles VII que d'en résumer le long travail.

Les temps se suivent, les révolutions passent, mais les hommes sont toujours les mêmes; il y a cinq siècles de cela, mais combien de gens éminents ne pourraient-ils pas dire de nos jours comme ceux-là : « Nous avons fait la girouette, mais nous conservons notre position à la cour. »

Le Dauphin proscrit, réfugié à Poitiers, avait organisé son conseil, qu'il opposait à celui d'un roi captif et insensé. C'est alors entre les deux conseils une guerre d'ordonnances contradictoires et d'une confusion telle que le véritable conseil national cessa d'être celui du roi, tandis que, sous les apparences de la rébellion, le conseil du Dauphin servit seul la royauté des Valois, et que le premier dégénérait en conseil de Henri de Lancastre, sous la régence du duc de Bedfort.

Deux rois, deux conseils se combattaient donc en France à la mort de Charles VI. Le conseil anglais fonctionna avec les mêmes formules, ses ordonnances ayant pour contre-partie les ordonnances du *roi de Bourges*. Les victoires de Charles VII rétablirent enfin l'autorité des siennes et ce prince confirma sagement, pour la tranquillité des citoyens, les arrêts des tribunaux anglais. Ce fut aussi dans ce conseil qu'il signa la pragmatique sanction, qu'il récompensa par des priviléges les provinces qui lui avaient été fidèles (1), qu'il confirma les capitulations des villes soumises, enfin que, fort du concours des états généraux, il porta ses ordonnances pour établir une armée permanente. C'en est fait dès lors, la royauté sort de ses revers : elle se retrouve à la tête de l'administration par son conseil, de la justice par ses parlements, de la force par son armée.

Le soupçonneux Louis XI renouvela entièrement le conseil. Composé de ses créatures, ce corps participa de la politique rusée du maître et tendit au même but. Les ordonnances de ce règne donnent ou confirment presque toujours des priviléges aux classes plébéiennes. L'une d'elles les arma en milice bourgeoise. Le traité de Péronne aussi est signé par le roi *en son conseil;* mais ces mots y sont sans doute pour la forme, car les conseillers qui l'assistèrent ne pouvaient être que les visages ennemis des satellites du duc de Bourgogne.

---

(1) Parmi les franchises accordées au Languedoc figure la publicité de la procédure criminelle ; innovation dont la révolution s'est fait pourtant un titre de gloire comme d'une conquête; ce n'est pas le seul cas, à beaucoup près, où elle se soi ainsi parée des qualités des temps passés

Le conseil du roi avait acquis une telle importance qu'aux états généraux de 1484, il fut l'objet d'un débat très-vif sur la question d'y faire entrer les amis du duc d'Orléans, que ce dernier voulait opposer au gouvernement de la régente, ou d'en remettre la nomination soit au roi, soit aux états eux-mêmes. Lorsque le jeune roi fut hors de tutelle, ce fut contre l'avis et l'expérience de son conseil qu'il entreprit ses brillantes, mais inutiles conquêtes. Il en revint plus sage, et, s'occupant de ce corps dont il avait négligé les avis, il fit une ordonnance déterminant le nombre de conseillers permanents, réunis, sous la présidence du chancelier, en ce que nous appellerions de nos jours *section du contentieux*, auxquels il adjóignit des maîtres des requêtes et des rapporteurs. Déjà nous commençons à reconnaître notre conseil d'Etat contemporain.

Nous devons au règne de Charles VIII l'ordonnance qui fit écrire, rédiger et réformer nos coutumes, devenues lois du royaume, et qui reçurent ainsi, dit Montesquieu, trois caractères : elles furent écrites, réformées et sanctionnées par le roi en son conseil, avec le concours, comme nous avons déjà eu l'occasion de le dire, des états des provinces.

Sous Charles VIII et sous Louis XII le conseil d'Etat ou conseil du roi étend ses attributions. Il a le droit de se prononcer sur la compétence des juges, il a la connaissance des indults et de toutes les matières bénéficiales. Les affaires politiques, elles, sont réservées au conseil privé, composé d'un plus petit nombre de conseillers, où se discutent les questions d'Etat. On connaît cette séance mémorable du conseil privé de François Ier, dont Blaise de Montluc nous rapporte les émouvants détails. Il avait reçu du duc d'Enghien, chef des armées du roi en Piémont, la mission de solliciter chaudement l'autorisation de batailler, les Français frémissant d'impatience sous la consigne cruelle qui leur était imposée de rester sur la défensive. Le roi soumit la question au conseil, qui, sur l'avis du connétable, fut unanime pour un refus. Montluc ne se découragea pas; il insista, ne demandant que batailles, et le Dauphin qui se tenait derrière le roi, l'excitait des yeux à persister. Sa plaidoirie fut donc si chaude que la résolution du roi en fut ébranlée. Qui ne sait les détails de cette séance? Francois Ier, se découvrant et levant ses yeux au ciel, s'écria : « Père des lumières, que dois-je faire pour le salut de mon peuple?.. » Puis cachant dans ses mains son front plein d'anxiété, il resta quelques instants plongé dans ses réflexions, d'où sortant tout à coup : « Qu'ils combattent!.. » s'écria-t-il, en relevant la tête. Le bouillant Montluc, bondissant de joie, reçut les ordres du roi, et s'élançait du conseil en criant de loin à ses amis : « Bataille! bataille!.. » quand le connétable, l'arrêtant, lui dit : « Fou, enragé tu vas être cause des plus grands désastres!.. » Montluc ne l'écouta que pour répondre par une boutade, et ne s'arrêta qu'en Piémont, où la victoire de Cérizolles justifia son ardeur (1544).

Quelques années plus tard (1560), François II tint une séance de son conseil et le consulta sur les mesures à prendre dans les conjonctures critiques où se trouvait la société civile et religieuse. Cette délibération solennelle dura plusieurs jours. L'amiral de Coligny y plaida chaudement pour la liberté de conscience. Les autres opinions eurent pour organes Jean de Montluc (1), évêque de Valence et de Saint-Dié, Charles de Marillac, et le cardinal de Lorraine. Le premier demanda un concile avec chaleur; l'archevêque de Vienne y joignit la demande des états généraux, trouvant l'un aussi nécessaire dans l'ordre religieux que les autres dans l'ordre politique. Telle était sa thèse que la sûreté des États ayant deux appuis, la religion et l'obédience des peuples, il est d'expérience historique que, si l'une de nos colonnes est en péril, elle ne peut être raffermie que par un concile, et si la seconde est également ébranlée, la même expérience atteste que c'est une tenue d'états qui peut seule remédier au mal, d'une manière analogue. Le cardinal de Lorraine sépara la cause du concile de celle des états. Le concile lui paraissait inutile, les conciles antérieurs étant suffisants; mais il appuyait la demande des états généraux. Ainsi se débattirent plusieurs jours durant ces questions

(1) Frère de Blaise de Montluc. On accusait ce prélat d'être protestant au fond du cœur; « à la cour, il prêchait, dit Moreri, tantôt *a la catholique*, tantôt *a l'huguenote.* » On accuse ses mœurs, ou pour le moins d'avoir été marié secrètement, et ainsi de n'avoir plus été ni protestant, puisqu'il était évêque, ni catholique, puisqu'il était marié. Son opinion au conseil, seule en cause ici. n'avait rien d'incompatible avec le catholicisme. Il s'en réfère au concile, distingue pour la liberté de conscience entre la bonne et la mauvaise foi de ceux qu'il appelle sans hésiter des hérétiques, convient que beaucoup d'entre eux n'ont point d'autres motifs pour être protestants que de ne vouloir ni se confesser, ni jeûner, ni s'abstenir de viande le vendredi, mais établit qu'il en est d'autres paisibles et sans préjugés préconçus. Or, en ces temps de haines, c'était distinction saine et conciliante. Il parle du Saint-Siége en gallican mais respectueusement Cependant il recommande le chant des psaumes de Marot, mais pour cette raison qu'ils n'ont rien de blâmable en eux-mêmes, et qu'il vaudrait mieux les entendre chanter aux dames de la cour que les chansons obscènes qu'elles se permettent.

graves; enfin l'on décida la réunion des états à Meaux et celle d'un concile *national*, si le pape se refusait à la tenue du concile général. Le roi étant mort sur ces entrefaites, c'est à Orléans que se rassemblèrent les états. Quant au concile *national*, il faut avouer qu'il aurait remédié difficilement aux maux de l'Église *universelle;* néanmoins cette décision fut comptée plus ou moins dans la balance de Rome et l'on continua la série des réunions du concile de Trente.

Sully, Richelieu, Mazarin, personnifient l'esprit du conseil sous les différents règnes postérieurs. Cependant une organisation complète, comme corps constitué, lui manqua longtemps; ses membres étaient pour la plupart gens de robe courte, plus compétents à décider de la politique ou de la guerre que des finances ou des choses de droit. De hauts dignitaires de l'Église y entraient avec des maréchaux, des ambassadeurs, quelquefois des membres du parlement, mais en général peu de magistrats; tous nommés passagèrement, quelquefois pour une seule circonstance. Cet ordre de choses subsista longtemps. Henri III avait bien fixé un costume aux conseillers d'Etat mais rien de plus; Henri IV n'avait rien réglementé non plus, et les conflits y étaient continuels. Enfin un règlement tranchant toutes ces difficultés survint sous Louis XIII. On détermina le traitement des conseillers, qu'on divisa en trois classes, sous le nom d'*ordinaires,* de *semestres* et de *quatrisemestres,* selon la durée de leur service dans l'année (1630). Les provinces furent partagées entre les sections du conseil. Il y avait quatre de ces sections, savoir : 1° le conseil des dépêches (ou de l'intérieur) pour examiner les affaires des provinces, dépouiller les correspondances avec les gouverneurs ou les intendants, qui du reste étaient généralement pris dans le sein du conseil; 2° le conseil des finances pour la levée de l'impôt, pour les réclamations des villes et provinces, pour régler le traitement des fonctionnaires et tout ce qui concernait la fortune publique; 3° le conseil des parties (ou judiciaire), sous la présidence du chancelier. Sur le rapport des maîtres des requêtes, il connaissait des conflits de juridiction; 4° le conseil d'en haut, auquel étaient réservées les affaires politiques. Il avait un rang distinct; des ministres et des princes en faisaient partie. Il avait aussi juridiction et prononçait sur les appels des jugements du conseil d'Etat.

Tel Louis XIV trouva son conseil, et les divers règlements qu'il porta (1644, 1658, 1660, 1673) ne règlent que des détails.

Sous ce règne il comprit : 1° le conseil d'Etat proprement dit (conseil privé ou conseil des parties), sous la présidence du chancelier. Le roi y avait une place. Y siégeaient : 21 conseillers ordinaires, le contrôleur général des finances, 12 conseillers de semestre, 22 maîtres des requêtes, par quartier, pour rapporter les affaires; mais le nombre en fut porté à 88, à cause de la multiplicité croissante des affaires. Ces maîtres des requêtes étaient souvent envoyés en mission extraordinaire aux armées ou dans les provinces, comme intendants de justice, de police ou de finances.

2° Le conseil des finances. Les finances avaient été administrées antérieurement par des intendants (1); mais Fouquet n'eut pas de successeur et le royal auteur de sa disgrâce se chargea lui-même de cette administration. Le conseil des finances qui l'aidait était composé de deux directeurs, deux contrôleurs généraux, quatre intendants du trésorier de l'épargne et des secrétaires. Plus tard, le maréchal de Villeroy fut fait chef de ce conseil (1561); les directeurs et contrôleurs furent supprimés, et Colbert fut établi seu contrôleur général.

3° Le conseil des dépêches. Il se tenait chez le roi, on pourrait le comparer de notre temps au conseil des ministres. Il se composait du chancelier, du chef du conseil des finances et de quatre secrétaires d'Etat : affaires des provinces, placets, lettres et brevets à l'adresse des gouverneurs de villes ou de provinces, etc., faisaient l'objet de ses délibérations. Les secrétaires d'Etat faisaient exécuter chacun dans son département les résolutions prises, savoir : le département des affaires étrangères, celui de la maison du roi (intérieur et marine), celui des affaires de la religion réformée et celui de la guerre.

4° Le conseil du commerce. Il fut établi en 1710, et se composait du secrétaire d'Etat de la maison du roi, dont ressortissait la marine, de six maîtres des requêtes et des députés des douze villes les plus commerçantes. Ce conseil fut depuis fréquemment modifié.

---

(1) Ils dataient du règne de François 1er Avant ce prince ils portaient le nom de trésoriers. Henri IV les remplaça par un conseil royal des finances, qui lui déplut: car, disait-il, « cette quantité de gens faisaient mourir de faim tandis que leurs tables étaient tenues avec opulence » Il nomma M. de Rosni à la charge rétablie de surintendant

5° Le conseil de conscience, que nous ne mentionnerons ici que pour mémoire. Il se composait du roi et de son confesseur.

En 1619, l'assemblée des notables avait demandé que l'on composât un tribunal suprême, composé de l'élite des parlements : Louis XIV, lui, en attribua les prérogatives à son grand conseil; les parlements durent se soumettre à ses arrêts.

Après la mort de ce prince tout-puissant, le parlement, qui, de son autorité usurpée, avait cassé le testament royal, donna en même temps au duc d'Orléans le pouvoir de composer tel conseil de régence qui lui conviendrait, et à ce conseil de régence furent subordonnés jusqu'en 1718 divers conseils subalternes, correspondant à ce qui formerait de nos jours les départements de nos ministères, savoir : le conseil de la guerre, le conseil des finances, le conseil de la marine, et celui du dedans du royaume.

Les affaires, après délibération, étaient rapportées par les présidents des conseils et discutées en conseil de régence. Au reste, ces conseils que nous pourrions appeler ministériels, n'eurent qu'une existence éphémère. En 1718, ceux de conscience, des affaires étrangères, de la guerre et du dedans du royaume furent supprimés, et les affaires réunies entre les mains de secrétaires d'Etat, dont les départements étaient : les affaires étrangères, la religion réformée, la maison du roi, la marine, la guerre.

Dans ces diverses transformations, que le conseil porte les noms de *cour du roi*, *conseil du roi*, *conseil d'Etat*, ou autres, on en suit le développement et les ramifications jusqu'aux conseils d'Etat de nos époques modernes, combinés avec nos conseils de ministres.

Supprimé en 1791, il fut rétabli par la constitution consulaire de l'an VIII, et jeta dès l'abord un vif éclat par ses travaux législatifs : le code civil est son plus beau titre de gloire. Depuis lors il subsista à travers de nombreuses modifications, selon les changements de gouvernements, et selon le plus ou moins d'autorité qu'on tenait à lui laisser. Ses principales attributions ont été d'élaborer les lois et les règlements d'administration publique. Comme tribunal, il a généralement jugé les questions contentieuses en matière d'administration, spécialement les appels des jugements de conseils de préfecture et les appels comme d'abus. « La révolution et l'empire n'ont fait que préciser et compléter les attributions des divers conseils. Le conseil des ministres a conservé la direction politique; au conseil d'État sont réservés les procès administratifs, les réclamations contre les abus de pouvoir, et en général les règlements administratifs (1). »

Remarquons en finissant que, de toutes nos institutions en ruine, le conseil d'Etat est à peu près la seule qui soit restée debout. Les conseils généraux, trop pâle imitation des états provinciaux, n'en peuvent être appelés que l'ombre (2).

VI

PARLEMENTS.

L'histoire des parlements proprement dits commence, avons-nous dit, au jour où Philippe le Bel constitua en parlement judiciaire une branche de son conseil. Toutefois le nom de ces assemblées remonte plus haut, il se confond avec celui des premières assemblées populaires que convoquaient les rois ou les seigneurs féodaux, comme avec celui de leurs premiers conseils. On appelait indifféremment *tenir parlement,* rassembler un champ de mars ou de mai, l'acte par lequel on en faisait la convocation, et le nom de *parlement* fut appliqué ensuite aux conseils féodaux, puis au conseil du roi et à toutes les institutions politiques ou judiciaires, jusqu'à ce que Philippe le Bel, divisant les attributions de son conseil, donnât exclusivement ce nom à la portion qu'il chargea spécialement du soin de rendre la justice.

Ce parlement exista seul d'abord; mais d'autres cours semblables furent établies successivement dans les provinces pour participer, concurremment avec celle de Paris, aux mêmes fonctions judiciaires. Celles-ci ne portèrent pas toujours dès l'abord le nom de parlement, mais celui des anciennes institutions féodales de leurs provinces respectives. C'est ainsi qu'on établit ailleurs l'*échiquier de Normandie,* et les *grands jours de Champagne,* tandis qu'en d'autres pays le nom de parlement prévalait comme à Paris. Mais par la suite les noms différents disparurent et tous ces corps judiciaires ne furent désignés partout que sous les noms de *parlement de Paris* et de *parlements de province,*

____

(1) *Dictionnaire des institutions, mœurs et coutumes de la France,* par Chéruel, Introduction 1855.

(2) Reconnaissons toutefois que l'Assemblée constituante sut combler une lacune en créant un tribunal de cassation qui manquait a la France. Le grand conseil ne connaissait pas des formes de procédure

Telle fut l'origine de ces corps fameux (1) qui plus tard s'érigèrent en antagonistes, en contrôleurs de la royauté. Ils furent établis pour rendre la justice au nom du roi ; rien de plus ; celui de Paris plus tôt que les autres, mais non au-dessus.

Il ne sera pas sans intérêt de citer plusieurs des causes célèbres qu'ils eurent à juger.

En 1315, Enguerrand de Marigny, poursuivi par le vindicatif Charles de Valois, avait été renvoyé devant le parlement de Paris, qui, pressé de le condamner sans formes, fit preuve d'une honorable indépendance et refusa.

En 1475, il prononça la juste condamnation du comte de Saint-Pol, doublement traître au roi et au duc de Bourgogne ; et en 1477, à Noyon, celle de Jacques de la Marche, duc de Nemours, dont les complots injustifiables contre le roi, son bienfaiteur, ne justifient pas le supplice barbare, et qui réclama, mais en vain, le droit de n'être jugé, comme pair, que par des pairs. Du reste le parlement de Paris a eu très-anciennement la prétention injustifiée de représenter la cour des pairs, ainsi que nous le redirons plus tard.

En 1559, le procès du conseiller calviniste Anne du Bourg, coupable d'un zèle outré pour sa secte, trouva le parlement hésitant à prononcer une condammnation, lorsque le rapporteur, Minard, ouvertement hostile à l'accusé, fut traîtreusement assassiné, et ce crime entraîna la mort de celui-ci, dont la faction calviniste fit un martyr et un saint.

En 1560, après la découverte de la conjuration d'Amboise, le prince de Condé fut condamné à mort par une commission prise dans le sein du parlement ; mais le président Guillard du Mortier refusa de signer l'arrêt (2). On sait du reste que François II mourut alors très-*opportunément* pour arrêter l'exécution de la sentence.

Le parlement commença en 1564 une enquête contre les assassins du duc de Guise. Le zèle qu'il y mit faisait pressentir une prompte justice ; mais la régente, toujours attentive à contre-ba-

(1) Voici les dates de leur institution :
1302, parlement de Toulouse ; 1453, parlement de Grenoble ; 1462, Bordeaux ; 1476, Dijon ; 1501, parlement de Provence ; 1515, échiquier de Normandie ; 1553, parlement de Bretagne ; 1625, Pau ; 1632, Metz ; 1574, Dôle.
Il y eut en outre plusieurs conseils souverains et sans appel à Arras, à Douai, à Perpignan, à Strasbourg et peut-être autres lieux.
(2) Nous aurons du reste l'occasion de voir que cette condamnation fut faite au mépris de toutes les formes, lorsque nous parlerons de la cour des pairs.

lancer les partis, vint au secours des protestants en ajournant l'enquête à trois ans, ce qui fut cause d'un sourd et général mécontentement.

En 1602, il jugea Biron, ce célèbre conspirateur, ami particulier de Henri IV, qu'il trahissait après l'avoir servi (1). Il fallut presque un coup d'État pour le mettre en accusation, tant ce seigneur était redoutable. Le duc de Biron se défendit avec une éloquence saisissante : « Je vous ai rétablis, dit-il, sur les fleurs de lys, Messieurs, d'où les saturnales de la Ligue vous avaient chassés. Ce corps, qui dépend de vous aujourd'hui, n'a veine qui n'ait saigné pour vous!.. » Les magistrats n'en condamnèrent pas moins ce grand coupable, cent douze juges présents, toutes chambres assemblées, à la peine de mort.

Vint en 1610 le procès mystérieux de Ravaillac. Le duc d'Épernon avait glacé le parlement de terreur; déjà, sous la pression de ce puissant seigneur, il avait disposé de la régence; et sous la même influence, sans doute, il ne divulgua rien des révélations de l'assassin. En vain l'opinion publique, piquée de curiosité, chercha-t-elle à vaincre le mutisme des juges, et le greffier, appelé une dernière fois sur l'échafaud par le patient pour des aveux suprêmes, n'écrivait sur son procès-verbal que des mots indéchiffrables.

En 1618 le parlement de Toulouse prononça un arrêt contre le duc de Rohan, chef de ces huguenots qui ravageaient les Cévennes, et mit sa tête au prix de 50,000 écus.

Une conspiration, dont le but était la déchéance de Louis XIII, et qui menaçait la vie du cardinal de Richelieu, fut découverte et jugée en 1626. Le duc d'Anjou, frère du roi, en était l'âme; mais ce prince pusillanime avait coutume d'abandonner ceux qui se compromettaient pour lui. Il en usa ainsi envers l'infortuné Chalais, qui fut condamné à mort par une commission prise dans le parlement de Bretagne. Sauvé lui-même par lâcheté, un prince si près du trône n'en profita que pour nouer de nouvelles intrigues, et, chassé de la Lorraine où il était venu conclure un mariage contraire à la volonté du roi, il se réfugia en Languedoc, où il se déclara ouvertement rebelle. C'était en 1632, et le jeune

_____

(1) Les principaux chefs d'accusation étaient : par un traité avec les cours de Madrid et de Turin, il devait épouser une princesse de Savoie et aurait eu la souveraineté de la Bourgogne. La couronne devait devenir élective et les gouvernements d'une nouvelle féodalité en être les électorats.

Montmorency, gouverneur adoré de cette province, se laissa en-
traîner dans la révolte. On sait le reste : une partie de la province
resta fidèle ; le parlement lança un arrêt contre tous ceux qui dé-
baucheraient les bons sujets du roi ; Montmorency, vaincu et pris
à Castelnaudary, abandonné à son tour par le lâche prince pour
lequel il s'était compromis, fut traduit devant le parlement, et là,
avouant une faute « qu'il avait commise, disait-il, plus par imprudence que par malice, » il vit des juges pleurer en prononçant
sa sentence. Eux-mêmes implorèrent sa grâce ; mais l'inflexible
ministre fut inébranlable dans sa rigueur et dans son ressentiment.

C'en est assez : durant plusieurs siècles, les parlements, fidèles
à la destination que leur avait donnée Philippe le Bel, se renfer-
mèrent donc assez régulièrement dans les bornes de leur institution : parfois même ils surent résister à l'attrait de l'ambition
et à la tentation de grandir en s'immisçant indûment aux
affaires publiques. Ainsi, lorsque les états de 1412 furent convoqués, l'Université ayant excité des troubles dans la capitale, et
voulant s'autoriser à passer pour l'organe des doléances publiques, chercha un puissant auxiliaire dans le parlement et le
sollicita de s'adjoindre à elle ; mais ce corps répondit avec noblesse « qu'il ne convenait pas à une cour établie pour rendre la
justice au nom du roi, de se constituer partie plaignante pour la
demander. » De même en 1484, pressé d'intervenir dans les
affaires par le duc d'Orléans, qui réclamait sans succès une convocation des états généraux pour le règlement de l'impôt, le
parlement répondit au prince par l'organe de son président :
« La cour est instituée par le roi pour rendre la justice, et n'ont
point ceux de la cour l'administration de la guerre, des finances,
ni du fait du gouvernement du roi, ni des princes (1). » On sait pa-
reillement la belle réponse du président du Harlay au duc de
Guise, ivre d'enthousiasme et de popularité, qui, maître de Paris,
pressait ce magistrat de réunir sa compagnie pour rétablir l'ordre
dans la capitale d'où le roi était chassé : « Quand la majesté
royale est violée, répondit avec son fier regard Achille du
Harlay, le magistrat est sans crédit... C'est grand' pitié quand le
valet chasse le maître... mon âme est à Dieu, mon cœur est au
roi, et mon corps est entre les mains des méchants ! »

(1) Remontrances du duc d'Orléans, faites au parlement par la bouche de son
chancelier contre les désordres de l'État et le gouvernement de Mme de Beaujeu.

Mais les parlements ne purent point conserver cette belle modération, et vint le jour où, répudiant leur intègre honneur, ils n'écoutèrent que les élans d'une ambition sans frein.

Cette disposition fut longtemps en germe et ses progrès peu sensibles; on la suit cependant, on la reconnaît à travers les âges, secondée tantôt par des prérogatives importantes que le roi accordait librement aux corps parlementaires, tantôt par des empiétements qu'on leur laissait faire, et finalement par des usurpations arrogantes.

Une des plus importantes concessions dont ils se firent titre était le droit de remontrance (1). L'origine en est cependant bien simple : Philippe de Valois, pour conserver le texte authentique de ses ordonnances, en cas de perte des originaux, les fit transcrire sur les registres du parlement. Dès lors l'usage de l'enregistrement devint constant, et même Charles le Sage adjoignait au parlement, pour cette formalité, des personnages notables et des bourgeois de Paris. L'importance des magistrats s'accrut de toute l'importance qu'on attachait à cet acte, et comme les ministres, le roi lui-même, tenaient beaucoup à se prévaloir de l'approbation du parlement, celui-ci s'arrogea des prétentions outrées; il hasarda quelquefois une opposition désapprobative et petit à petit façonna l'opinion à regarder l'enregistrement comme indispensable à la validité des ordonnances. Eux-mêmes finirent par le croire. La couronne cependant ne leur fit jamais cette concession; mais elle continua à attacher toujours beaucoup de prix à ce que les édits fussent enregistrés, jusqu'à y contraindre par lettres de jussion ou dans un lit de justice (2) les corps judiciaires qui s'y refusaient, dût l'enregistrement n'être fait qu'avec cette formule, consacrée aux enregistrements forcés : « par exprès commandement du roi. » Il en résulta que les droits de la royauté et ceux de la magistrature ne furent jamais nettement définis. « Aussi, dit l'abbé de Mably, cette incertitude entre le despotisme de la cour et l'aristocratie du parlement jette dans notre administration un je ne sais quoi de louche et d'obscur, qui nuit à la dignité des lois et à la sûreté des citoyens, et indique un gouvernement sans principes, qui se conduit au jour le jour, par les petites voies d'un intérêt particulier. » Malheureusement, on peut

---

(1) Ce droit leur fut implicitement reconnu par l'usage. Il était bon en soi, sans l'abus odieux qui en fut fait.

(2) Les lits de justice étaient des séances du parlement où assistait le roi.

en dire autant de chacune de nos institutions gouvernementales;
aucune ne s'est développée franchement; on essayait tantôt de
l'une, tantôt de l'autre, et c'est ainsi que la constitution, ballottée
entre elles, n'a pu se fixer; mais du chaos où ont été jetés tous
ces éléments, la révolution seule a surgi.

Dès 1358, époque bien antérieure aux phases agitées des usurpations parlementaires que nous voyons érigées en système trois
et quatre siècles plus tard, nous voyons une simple fraction de
parlement, qui avait suivi le Dauphin à Compiègne, durant la
captivité du roi Jean, décerner la régence, de son autorité privée :
acte exceptionnel, que la gravité des circonstances pouvait seule
excuser, mais qui n'en était pas moins un précédent fâcheux.

Sous le règne suivant le parlement trouvait l'occasion d'élargir
le cercle de ses prérogatives. Il obtenait entre autres le droit de
choisir son premier président, et la jouissance pour ses membres
de leurs offices à vie (1). La manière dont ce dernier point fut
gagné mérite une mention spéciale : on laissa tomber l'usage de
les renouveler par des commissions qui se donnaient à chaque
ouverture des sessions, et, pour que le cours de la justice ne fût
pas suspendu, les conseillers continuaient leurs fonctions, qui
devinrent insensiblement, et sans que personne s'en aperçût, des
charges à vie (2).

Une fois en possession de son droit de remontrance, le parlement ne laissa plus échapper une occasion d'en faire. Il en éleva
contre la pragmatique sanction de Louis XI et surtout contre la
forme de sa soumission au saint-siége. Les parlements de Paris et
de Toulouse protestèrent contre le démembrement de leurs res-
sorts, quand fut créé celui de Guienne, qui avait été promis par
Charles VII aux états de cette province.

Ce dernier prince consacra l'inamovibilité des magistrats, qu'il
étendit à tous les officiers du roi. En fait, elle existait déjà, mais
rarement on y avait égard. Louis XI, en la consacrant de nouveau,
se conciliait la sympathie de gens sur lesquels il comptait peu,

(1) Or, c'est là l'origine de la noblesse de robe. Quand le parlement fut perpétuel
et sédentaire, les gens de guerre et la noblesse d'epée ne pouvant a la fois vaquer
à la justice, a la guerre et au gouvernement de leurs provinces, et s'assujettir à
siéger en parlement, abandonnèrent ce dernier soin à ceux qu'ils appelaient *gens
de robe*, et regardèrent dès lors cet emploi comme indigne d'eux, tandis que, dans
l'origine, ils avaient été les seuls juges.

De là la distinction entre la robe et l'epée. L'autorité royale dut naturellement
se fortifier par cette espèce d'abdication.

(2) Ils n'étaient nommés ordinairement que pour un an.

se réservant le droit de les en dépouiller judiciairement, en cas ou sous prétexte de forfaiture. Néanmoins le principe profita à la magistrature, et c'est à peu près à cette époque que les parlements se recrutèrent d'eux-mêmes.

Sous François Ier, le parlement chercha de nouveau à jouer un rôle politique et fit une vive opposition à la régente Louise de Savoie, qui fut obligée de s'enfuir à Lyon avec le chancelier Duprat, sa créature. Il fit aussi des remontrances sur le concordat; mais lorsque le roi revint de sa captivité, il réprima leurs empiétements, et défendit, lui disait-il, « que vous vous entremettiez en quoi que ce soit de l'Etat, ni d'autre chose que de la justice. »

Charles IX se fit déclarer majeur dans un lit de justice tenu à Rouen. Le parlement de Paris se trouva en cela lésé dans ses droits et dans ce qu'il appelait *sa primauté*. Il ne perdit pas cette belle occasion de faire des remontrances que le jeune roi accueillit assez mal, en répondant avec fondement que le parlement de Paris n'était pas plus que celui de Rouen, qu'il se mêlât donc de rendre la justice et non du gouvernement. Les rois avaient raison : les parlements s'humiliaient quand ils trouvaient un maître, mais ne se rebutaient jamais et parvenaient toujours, à force de persistance, à faire dominer quelque chose de leurs prétentions. Ainsi le chancelier de L'Hospital tenta bien, en 1561, de ne point faire enregistrer l'ordonnance d'avril de cette année, en l'adressant directement aux gouverneurs des provinces; le parlement fit ses remontrances, défendit par un arrêt de la publier, et cet acte du gouvernement ne se renouvela plus. Bien plus, l'édit de Blois, de 1579, rendu par Henri III en conformité des cahiers des états de 1576, ayant été suivi de remontrances, ce prince, à qui plusieurs articles déplaisaient, fut charmé d'avoir cette occasion de les modifier. Il adhéra donc à ces remontrances, et, devant cet acte de faiblesse, « le parlement, dit Mably, fier d'avoir humilié le roi et la nation dans ses représentants, crut follement que son droit d'enregistrement était plus affermi que jamais et qu'après cet exemple on ne pouvait plus lui refuser la puissance législative. »

Les parlements du royaume furent rigoureux contre les novateurs religieux. L'édit de Henri II, punissant de mort tout luthérien qui ne se rétracterait pas, fut vérifié sans limitation par tous les parlements du royaume (1559). Les mêmes corps envoyèrent au roi des félicitations après la découverte de la conjuration d'Amboise (1560); celui de Paris déféra au duc de Guise le titre de *défenseur de la patrie*; enfin l'on connaît l'opposition de cette assemblée à l'édit de la régente dit de tolérance, qui permettait aux calvinistes l'exercice de leur culte hors des villes. La compagnie refusa trois fois de l'enregistrer, comme violant les lois du royaume, et, forcée par lettres de jussion de le faire, elle n'obéit qu'en ajoutant : « par provision et sans approbation de la nouvelle religion (1562) ».

Cependant les querelles religieuses avaient mis la confusion partout, les ligueurs et les huguenots partageaient le pays en deux partis extrêmes. Le parlement se divisa de même, et tandis que la portion restée fidèle à Henri IV se transportait à Tours (1), les conseillers ligueurs formaient à Paris le parlement de leur parti. Assez modérés du reste, trop modérés pour les factions, ils voulurent arrêter la violence des Seize, qui firent pendre quatre conseillers.

La ligue se donna un roi, vieillard qu'elle décora du nom de Charles X; mais Henri IV avait à résister à trois autres prétendants : le roi d'Espagne, ambitionnant pour sa fille la couronne de S. Louis; le duc de Lorraine, revendiquant comme sien l'héritage des Carlovingiens, et le duc de Savoie, se prévalant de la qualité de neveu de Henri II. Ce dernier fit même irruption en Provence, et le parlement d'Aix s'oublia au point de le nommer *lieutenant général sous la couronne de France* (1591).

Ici, nous touchons au point où l'immixtion des parlements dans la politique devint démesurée. Jusqu'à présent les circonstances ou la faiblesse du pouvoir ont suffi, pour motiver leurs empiétements (2); aujourd'hui ce sont d'ambitieuses usurpations. Leur antagonisme avec les états généraux commence; aussi Mayenne, qui se fait leur champion, veut imposer aux états de 1593 une représentation parlementaire. C'eût été le premier pas pour arriver, par la permanence, à supplanter des états jusqu'alors intermittents. Pour y parvenir, le parlement veut enregistrer les lettres de convocation et s'arroger un droit de contrôle

____

(1) Lorsque ce prince fit dès son avénement la promesse tenue plus tard de se faire catholique, ce fut cette portion du parlement qui l'enregistra, signée des principaux seigneurs catholiques

(2) Nous verrons, en parlant de la cour des pairs, comment le parlement prétendait absorber cette cour; il en avait pris la place et le pouvoir avait laissé faire.

sur les décisions des états, l'autorité de juger si elles ne portent point atteinte aux lois fondamentales (1). Il déclare que le parlement est une sorte d'*états généraux au petit pied* et croit avoir le droit de se constituer leur juge.

Cependant les états de la ligue se rassemblent. Jamais encore circonstance plus solennelle n'avait remué les âmes : il s'agissait d'élire un roi!.. Alors, après mille intrigues, l'ambassadeur d'Espagne demanda le trône pour la fille de son maître. On sait quelle répulsion excita cette audace; le parlement s'émut, et, se faisant l'organe de l'opinion, déclara par un arrêt célèbre « tous traités faits ou à faire exprès pour l'établissement d'un prince ou d'une princesse étrangers nuls et de nul effet, comme préjudiciables à la loi salique et autres lois fondamentales. » Était-ce encore un acte de rivalité contre les états, sous forme d'une intimation patriotique? Peut-être (2); nous aimerions mieux y voir un élan spontané du patriotisme menacé. En droit, cette déclaration de la part du parlement n'était pas plus légale que tant d'autres; en fait, il faut convenir que les circonstances étaient exceptionnelles et qu'elle détermina la conversion du roi, qui coupa court à tant de maux et sauva la France.

L'édit de Nantes excita aussi, avec celle des masses, les répugnances parlementaires. Cet édit souleva l'opinion, non sans cause : car si la liberté de conscience pouvait sans danger s'accorder en France, c'était sortir des bornes de la prudence que de livrer au parti des places de sûreté, que de permettre à de si redoutables sectaires de se réunir en congrès. Les parlements et surtout celui de Bretagne usèrent énergiquement du droit de remontrance ; celui de Paris ne vérifia l'édit qu'après avoir fait des modifications que lui suggéra Séguier, toutes chambres assemblées; enfin celui de Toulouse ne consentit qu'au bout de deux ans à l'enregistrer, avec cette clause expresse qu'il serait révocable au bon plaisir du roi. Ainsi les peuples, qui n'auraient dû

---

(1) Voir *Lettres-patentes adressées au parlement pour vérifier les États de* 1560 (Mayer, t. VII, p. 432). Ces prétentions ne manquaient pas d'antécédents. En 1463 le procureur général intervint dans l'affaire de la pragmatique sanction ; elles se perpétuèrent en 1591 dans celle de la loi salique; en 1614, dans celle de la sûreté des rois. (Mayer. t. XV, p. 606; t. XVI, p. 107, 171, *passim*. Citations d'après M Rathery, *Histoire des états généraux*)

(2) Mably, dans ses *Réflexions sur l'histoire de France*, pense que cet arrêt fut rendu a l'instigation de l'ambitieux Mayenne, qui aspirait à la royauté et parvenait par là a écarter les Espagnols, ses alliés, sans qu'ils lui en puissent attribuer l'odieux.

n'avoir pour organes que leurs représentants, s'accoutumaient à
voir les parlements en prendre la place et se faire les contrôleurs
du pouvoir suprême. Les états généraux y perdirent en prestige
ce que les autres y gagnèrent; mais du moment de leur puissance
commence la décadence de ceux-ci : ils ont pour guide l'ambition
et ils font fausse route.

Henri IV était mort; mais dans la confusion qui suivit le crime
de Ravaillac, seul le duc d'Epernon paraissait suivre le fil d'une
intrigue préconçue, et tendre vers un but, criminel ou non, mais
net et précis. Sur son injonction, le président du Harlay dut
réunir la compagnie. Ce n'était plus le temps où les magistrats
impassibles résistaient aux factions; la cour se rassembla, sous
le coup de la menace. Comme elle délibérait, d'Epernon fit tout
à coup irruption dans la salle, et, s'adressant aux magistrats dont
sa présence armée viole le caractère, les somme de décerner la
régence à la veuve de Henri IV; puis, levant toute équivoque et
portant la main à son épée : « Elle est encore au fourreau, dit-il ;
mais il faudra qu'elle en sorte, si l'on n'accorde à la reine un titre
qui lui est dû selon l'ordre de la nature et de la justice. » L'assemblée fut docile et Marie de Médicis régente. Quel droit pourtant avait un parlement de disposer de la régence? quel droit en
outre avait celui de Paris de plus que tous ceux du royaume?
Nul n'en avait aucun; c'était violer la constitution de la monarchie; les états généraux seuls auraient eu ce droit; mais depuis
lors le parlement de Paris se prévalut de ce funeste antécédent.
Aussi aux états généraux de 1614 l'antagonisme se réveilla, à
propos du droit annuel, la *paulette,* qu'on levait sur les magistrats et auquel ils tenaient, parce qu'ils pouvaient acheter leurs
fonctions. Les états généraux en demandèrent l'abolition. Ils demandèrent aussi que tous édits rendus conformément aux cahiers
des états fussent dispensés de l'enregistrement, mais les parlements restèrent néanmoins maîtres du terrain : car la paulette
ne fut que momentanément abolie, et les états généraux ne devaient plus exister que dans l'histoire. La royauté hérita de la
rivalité dont ils étaient l'objet et en porta tout le poids; la lutte
reste désormais entre le parlement et elle. Le parlement veut à
l'avenir donner son avis sur toutes les grandes questions. Il se
réunit le 9 mars « pour aviser sur les propositions qui seraient
faites pour le service du roi, le soulagement de ses sujets et
le bien de l'Etat; » le 28, il s'arroge le droit d'être consulté

sur tout ce qui concerne l'intérêt public, par exemple : « sur les réformes à faire aux cahiers des états (1). » La royauté résiste et le roi en son conseil, par arrêt du 23 mai 1614, confirmé en 1629, annule toutes les délibérations parlementaires en matière politique, comme hors de sa compétence.

Telle est la lutte qui commence, lutte qui durera près de deux siècles et qui, à travers les querelles de la Fronde et des jansénistes, finira au cataclysme révolutionnaire. Pour combattre, la monarchie, en se privant d'états, se priva d'appui ; en outre elle priva la nation d'organes ; l'une et l'autre cessèrent de se tenir, de se comprendre ; elles se divisèrent, l'élément populaire tourna contre la royauté et la renversa.

Un esprit turbulent, systématique hostile, ne cesse plus d'animer le parti parlementaire, s'il n'est comprimé par la force. Nous voici sous Louis XIV, mais Louis XIV mineur, ou plutôt sous la régence d'Anne d'Autriche. Cette princesse, pour faire face aux besoins financiers, sans obérer les classes pauvres, établit une *taxe des aisés*. Ce fut pour le parlement l'occasion d'émouvoir les masses, même contre leurs propres intérêts. Il fit de la turbulence et plusieurs conseillers furent exilés. Ce fut l'acte avant-coureur de la Fronde.

Deux ans plus tard la régente ne craignit pas de porter sur les priviléges parlementaires une main osée, en faisant une retenue sur les gages des conseillers et en créant des charges supplémentaires. Une réprobation intéressée s'éleva du sein de la compagnie, qui refusa la vérification de l'édit, et rendit de son autorité privée un arrêt d'union entre tous les parlements de France. C'était un appel à la révolte. Pottier de Blanc-Mesnil, président, et le conseiller Broussel se signalèrent par leur véhémence et trouvèrent encore des dupes pour croire à leur désintéressement. Ils furent arrêtés ; mais le peuple se souleva niaisement pour les parlementaires, et quand Paris fut hérissé de barricades, il fallut, à l'instigation du duc d'Orléans, rappeler les membres populaires exilés ; mais la régente, affaiblie par cette humiliation, ne fut plus en sûreté dans la capitale et dut s'enfuir de Paris (1649).

La guerre de la Fronde dura quatre ans. Le corps coupable, qui en fut le promoteur pour refuser un impôt de 100,000 écus, trouva bien le moyen de fournir dix millions pour sa querelle.

<hr>

(1) Voir l'*Histoire de Louis XIII*, in-12 t. II', p 232 et suiv.; Mayer, t. XVII p. 130 et suiv., cités par Rathery, *Histoire des états généraux.*

Disons toutefois, à l'honneur des autres compagnies du royaume, que deux seulement, celles d'Aix et de Pau, répondirent à son appel et que le reste condamna cette criminelle résistance. Mais notons aussi ceci : le président de Mesmes n'osa-t-il pas dire que les parlements « tenaient rang *au-dessus* des états généraux, étant juges de ce qui y était réglé, par la vérification ; que les états généraux n'agissaient que par prière, et ne parlaient qu'à genoux, comme peuples et sujets ; mais que les parlements tenaient rang au-dessus d'eux, comme médiateurs... » On voit les progrès de l'ambition : en 1593 ils aspiraient seulement à être des états généraux *au petit pied ;* aujourd'hui ils prétendent être au-dessus ; *quo non ascendam !.....*

Mais ils allaient, pour un long temps du moins, trouver un maître : Louis XIV allait les dominer de toute sa grandeur. Le grand roi eut donc raison, en face de tant d'usurpations, le jour où, dit-on (1), l'assemblée étant réunie pour reviser, par un nouvel acte d'opposition, des édits bursaux déjà enregistrés, le jeune souverain, âgé de dix-huit ans, entra dans le lieu des séances et prononça ces mots péremptoires : « Messieurs, chacun sait les malheurs qu'ont produits les assemblées du parlement ; je veux les prévenir désormais ; j'ordonne donc qu'on cesse au plus vite les délibérations commencées sur des édits que j'ai fait enregistrer en lit de justice. Monsieur le président, je vous défends de souffrir ces assemblées et à chacun de vous de les demander. » C'en est fait, et tout le temps de ce règne il comprima la turbulence parlementaire (2), en leur interdisant le droit de remontrance (1673) ; il fit lacérer leurs registres et exila ceux de Pau et de Bordeaux. Toutes ces assemblées furent souples sous la main du maître ; la réaction fut ajournée à des temps éloignés (3).

La mort de Louis XIV en fut le signal et fut suivie d'un nouvel attentat, l'annulation de son testament. C'était pourtant un dépôt confié à la loyauté parlementaire par le prince lui-même. Écrit par le chancelier Voisin, sous la dictée du roi, on accusa ce ma-

---

(1) Nous approuvons le fonds sans nous attacher à la forme, qui n'a rien d'historique et qui a servi de lieu commun contre le despotisme en représentant le jeune roi botté et éperonné un fouet à la main.

(2) Dès 1667, une ordonnance n'accordait au parlement qu'un délai de huit jours pour faire ses remontrances, si l'édit était rendu dans son ressort ; six semaines au dehors.

(3) Le chancelier Lamoignon observe que les meilleures lois furent rendues dans l'espace de temps où les parlements furent privés du droit de remontrances.

gistrat d'en avoir fourni la teneur au duc d'Orléans, si intéressé à sa destruction. Le fait est qu'au moment décisif, ce prince, auquel il ne donnait qu'un pouvoir honorifique, sous un conseil de régence, se trouva, comme jadis le duc d'Epernon en semblable circonstance, en mesure d'agir. Il rassemble le parlement (2 septembre 1715), le lendemain même de la mort du roi, pour entendre lecture des dernières volontés royales. D'une voix et d'un air composés, il dicte au parlement sa conduite. Moins énergique, mais plus insinuant que le duc d'Epernon, il terminait par cette avance : « Dans tout ce que j'entreprendrai pour le bien public, je serai aidé par vos conseils et par « vos sages remontrances ». C'était jeter aux appétits de ces magistrats une amorce irrésistible, et une fois encore, charmé de regagner ce qu'on lui avait enlevé, il s'érigea en assemblée souveraine, et décerna la régence au premier prince du sang, avec le droit de choisir ses conseillers. Enfin il annula le testament de ce roi devant lequel il avait tremblé : « c'était insulter au lion mort, » dit l'historien Mazas, et les Parisiens y répondirent en outrageant le cercueil de celui qui remplissait naguère la France de sa majesté.

La régence venait donc encore une fois s'établir sur l'usurpation parlementaire. Mais la bonne entente ne dura pas longtemps. Un édit ayant donné cours forcé aux billets de la banque de l'aventurier Law, puis un autre édit, fatal au crédit public, ordonnant la refonte des monnaies et portant la valeur des écus de 3 livres 10 sous à 5 livres, les divers parlements firent de vaines remontrances ; même, au milieu du mécontentement public, le parlement de Paris alla jusqu'à s'opposer à l'exécution de l'édit. Cassation de l'arrêt par le conseil de régence ; second arrêt du parlement, qui suspend les opérations de la banque et interdit à tout étranger d'entrer dans l'administration des deniers publics. Il y avait en même temps une sorte de conspiration pour arrêter l'Ecossais, le juger sommairement et le pendre, et il dut se réfugier chez le régent lui-même. Le prince brava toutes ces démonstrations, au point de déférer à l'entreprise le titre de *banque royale ;* la lutte s'envenima de plus en plus, des conseillers sont exilés, le parlement finit par l'être à Blois et à Pontoise. « Le duc d'Orléans, dit encore Mazas, vengeait enfin les injures de Louis XIV ; » mais il était bien tard, et tout moyen devint bon pour les passions parlementaires, tout fut prétexte pour résister au pouvoir, toute occasion de l'ébranler fut avidement saisie (1718).

Le jansénisme détermina de nouvelles crises. Pour couper court aux agitations religieuses, le roi tint un lit de justice (1730) où il fit enregistrer toutes les bulles qui condamnaient les doctrines jansénistes, et défendait sagement aux parlements de délibérer sur aucune matière ecclésiastique. Aussitôt messieurs du parlement de résister, de protester. En vain, seul débris d'une antique et intègre magistrature, d'Aguesseau s'élève-t-il contre leur turbulence ; le parlement persévère, et, s'érigeant en défenseur de ce que personne, si ce n'est lui, n'attaque, il lance une déclaration ridicule qui met, soi-disant, l'autorité royale à l'abri des atteintes de Rome. C'est alors une confusion complète : Paris se divise, les savants et les gens de lettres applaudissent à ce scandale, et l'on voit des magistrats aller à Marly, près du roi, sans même être mandés, dans un désordre qui les couvre de ridicule.

Christophe de Beaumont, vénérable archevêque de Paris, eut l'imprudence de raviver ces haines par un mandement contre les jansénistes, dans le sens de la bulle *Unigenitus*, devenue loi de l'État. Le parlement s'indigne ; aux censures de l'Eglise n'oppose-t-il pas ses arrêts !... Ainsi tout va à la dérive, ces querelles déplorables s'éternisent sans entraves, le roi livre le gouvernement à ses courtisanes et l'autorité royale s'avilit elle-même.

Un seul homme, d'Aguesseau, s'interposa avec noblesse entre l'archevêque et le parlement et consacra dix ans de sa vie à des efforts de conciliation, mais, quand il fut mort, nul ne contint la polémique, et le parlement fut encore une fois exilé, pour avoir violé la déclaration de 1730, mais les mécontents firent de l'exil de ce corps un triomphe, le ridicule et le sarcasme accablèrent le clergé : la génération de Voltaire était née, et déjà le parti du parlement rebelle promettait la révolution.

Ce triomphe moral fut suivi d'un autre plus réel encore, car l'archevêque ayant cru pouvoir revenir à la charge (1750) au mépris de l'édit royal, il fut exilé à son tour, aux applaudissements de ses adversaires. Ivre d'orgueil et de toute puissance, le parlement entreprit alors de sceller ses empiétements par une fédération entre les diverses compagnies du royaume. Il fallut toute l'énergie du chancelier de Lamoignon pour déjouer cette trame ; les meneurs furent exilés ; cent cinquante conseillers furent contraints à donner leur démission.

Dans cet état d'exaltation, la cause des jésuites fit l'effet d'une bûche dans un brasier. Ennemis déclarés du jansénisme, ils n'étaient pour le parlement que des ennemis; laisserait-il l'occasion de les accabler? Un procès qu'ils avaient lui fournit cette occasion; ils furent naturellement condamnés, et la cour déclara de plus qu'elle prétendait reviser leurs constitutions. La Chalottais, procureur général au parlement de Bretagne, passionne vivement l'opinion publique par un violent réquisitoire: il leur est interdit de porter leur habit; la voix des évêques est impuissante à les protéger, et le parlement leur ordonne d'évacuer leurs maisons. Ainsi nous en sommes arrivés au point que le gouvernement, l'administration, la police, la religion elle-même sont soumis aux parlements. Quelques compagnies de la province cependant, celles de Pau et de Bordeaux par exemple, protestent contre la prééminence que s'arroge celle de Paris; mais elles font des remontrances inutiles, et le parlement de Pau est même cassé.

Les conflits se succèdent. Maintenant c'est le parlement de Bretagne qui est aux prises avec le gouverneur de la province, duc d'Aiguillon. Cet homme, objet de l'aversion universelle, agaçait particulièrement les nerfs du parlement et des états. Assemblées illicites, requêtes au roi, menaces anonymes se succédaient contre lui. Survinrent des édits bursaux et le parlement n'eut garde de ne pas refuser l'enregistrement. Réquisitoire du procureur général, remontrances du parlement, démission du président et de la plupart des conseillers; tel est le début. L'autorité résiste, on arrête le fougueux procureur général, on instruit son procès; la Bretagne est en feu; toutes les cours souveraines prennent fait et cause, font des remontrances à leur tour, et Louis XV effrayé fait suspendre la procédure, en se contentant d'exiler La Chalottais à Saintes.

Cependant la France entière prenait part à cette lutte. Une partie du royaume, avec le duc de Choiseul, ennemi personnel du gouverneur de Bretagne, avait pris ardemment fait et cause pour les parlements coalisés. C'est ainsi qu'on obtint la destitution du duc d'Aiguillon, mais cette victoire ne fit que rendre les haines plus acharnées. Ce gentilhomme fut poursuivi dans sa disgrâce, livré à ses ennemis et traduit devant le parlement de Paris. Les passions surexcitées étaient à leur paroxysme, quand survint un arrêt du roi qui suspendait la procédure et défendait toute délibération à ce sujet. C'était vouloir tirer l'accusé de l'abîme, mais, au mépris de cet ordre, la cour délibéra et déclara le duc « prévenu de faits entachant son honneur et suspendu des fonctions de la pairie, jusqu'à jugement définitif. » Cet arrêt est aussitôt cassé par le roi en son conseil ; le parlement fait des remontrances, il en appelle à toutes les compagnies du royaume. Celles-ci, pour la plupart, y répondent et les parlements de Dijon, de Toulouse, de Bordeaux, lancent des arrêts contre l'ancien gouverneur de Bretagne. Le duc de Choiseul ne craignait pas de donner sous main des encouragements coupables à ces démonstrations et de trahir, pour la satisfaction de son inimitié, l'autorité dont il était le ministre. Cependant il fut disgracié, mais sa disgrâce fut un triomphe, c'était à qui viendrait lui rendre hommage et le saluer dans sa retraite. Etait-ce assez d'humiliation pour la royauté !

Nous n'avons pas parlé des débats occasionnés ailleurs qu'en Bretagne par les édits bursaux, pour ne pas interrompre le fil du récit, mais comme les dissipations du roi les nécessitaient outre mesure, ils étaient l'occasion de divers conflits. Le parlement s'y opposait par système et formulait avec fracas de pompeuses remontrances, mais les mesures rigoureuses et l'exil triomphaient de l'invincible austérité de ces fiers magistrats. Dans plusieurs provinces, comme à Toulouse, l'autorité militaire eut à combattre ces assemblées turbulentes.

On voit en effet combien l'institution de Philippe le Bel s'était écarté de son but, depuis le jour où, simple émanation de son conseil, il avait chargé un parlement de rendre purement et simplement la justice. Au bout de quatre siècles et demi d'empiétements, tout gouvernement devenait impossible avec la turbulence parlementaire ; il fallait un grand coup : l'autorité royale, trop souvent humiliée l'osa et, dans un lit de justice, cassa le parlement de Paris d'abord (**1771**) et tous ceux de province à la suite ; un grand nombre de conseillers furent bannis et leurs offices confisqués. Tel fut le coup d'état auquel le chancelier Maupeou attacha son nom. Ce ministre en même temps réforma la justice, supprima la vénalité des charges et déclara la justice gratuite.

Il fallait de plus organiser d'autres cours judiciaires, besogne épineuse dans l'état des esprits, qui marcha d'abord lentement sans que personne voulût faire partie des nouvelles cours, qu'on nommait dérisoirement *les parlements Meaupou,* ni aucun avocat plaider devant elles. Petit à petit, ces obstacles s'aplanirent, et six mois ne s'étaient pas écoulés que ces farouches conseillers déchus demandaient humblement, soit d'être rappelés de leur exil, soit même d'entrer dans la nouvelle magistrature. La tranquillité publique semblait désormais assurée, l'autorité royale raffermie ; celle-ci avait remporté la victoire........ mais elle ne sut pas en profiter.

Le débonnaire Louis XVI, à peine sur le trône, voulut inaugurer son avénement par un acte de générosité ; il rappela les anciens parlements !... Turgot, le maréchal de Muy, ses plus prudents conseillers, furent en vain d'un avis contraire, prévoyant avec raison que ces assemblées renoueraient le fil de leurs intrigues et rallumeraient la guerre. Non content de les rétablir sur les fleurs de lis, ce malheureux roi leur rendit jusqu'au droit de remontrance, et remit ainsi entre leurs mains les armes qu'il leur fallait pour saper la monarchie. Ces corps furent donc réinstallés, mais la magnanimité royale ne les toucha nullement ; ils ne témoignèrent aucune gratitude ; suivant l'expression d'un historien, ils semblaient presque attendre des excuses (1774).

La lutte recommença. Parmi d'utiles réformes que Louis XVI et son ministre Turgot voulaient inaugurer, figurait l'abolition des corvées, qu'un édit remplaçait par des contributions également réparties. Tous les intéressés se récrièrent, le parlement refusa d'enregistrer l'édit, les stupides Parisiens s'ameutèrent. Un lit de justice fut tenu ; requise de procéder à l'enregistrement, l'assemblée y consentit, moyennant le renvoi et la démission de Turgot. C'était encore dicter des conditions à la royauté.

La révolution était alors imminente. L'étincelle qui la déterminera sera encore une étincelle parlementaire, mais les parlements eux-mêmes s'engloutiront dans la catastrophe.

En attendant voici la guerre d'Amérique. Le parlement n'hésite pas à parler au roi au nom de l'opinion publique pour la lui imposer, et la confusion qui règne parmi les institutions françaises fait que nul ne songe, cette fois encore, à se demander de quel droit une assemblée de juges sort de l'étude des lois pour se lancer dans l'arène de la politique et des passions.

Après la première assemblée des notables (1787) et pour combler le déficit, le roi porta deux édits, l'un établissant par le timbre un impôt sur toutes les transactions publiques, l'autre

instituant une subvention territoriale qui frappait indistinctement sur toutes les classes. L'intérêt des classes secondaires au
maintien de ces impôts toucha peu le parlement : il refusa l'enregistrement; mais cette fois, aveuglé par sa passion, oubliant ses
prétentions à remplacer ou à supplanter la nation, il prononça
le mot d'*états généraux*. Certes ce fut un spectacle étrange de
voir ainsi le parlement s'en souvenir, lui leur antagoniste, leur
rival. Qui eût reconnu les traditions parlementaires, aux termes
de son arrêté, « disant que c'était par *une déférence volon-
taire qu'il s'était prêté à enregistrer les impôts..... qu'il n'avait
aucun pouvoir à cet égard et n'en pouvait pas recevoir du roi...
que cette erreur avait duré assez longtemps et que les états
généraux seuls en avaient la puissance...* C'était donner un
démenti, une flétrissure à tout son passé, c'était renier toutes
ses traditions. Quoi qu'il en soit, les conseillers d'Epresmenil,
Freteau, Sabatier, Herault de Séchelles, furent les plus ardents
à réclamer les états généraux. En vain le plus ancien des présidents à mortier éleva-t-il la voix, en vain leur dit-il : « Vous
les aurez, messieurs, les états généraux, puisque vous les voulez;
mais vous et la France ne tarderez pas à vous en repentir..... »
Prédiction inutile!... le seul mot d'états généraux produisit sur
la France l'effet d'une commotion électrique, des milliers
d'échos répondirent à la voix du parlement; on les demanda
avec frénésie.

Le reste est moins l'histoire du parlement que celle de la
révolution : car tout s'efface devant la grandeur des événements.
La sienne a encore une page cependant : car l'assemblée factieuse
ayant voulu informer contre l'administration financière de
Calonne, un arrêt du conseil du roi le lui défendit. Elle continua
son enquête. Exilée aussitôt à Troyes, elle y fut l'objet d'une
ovation : on appela les conseillers des dieux tutélaires, et c'est par
ces folies qu'on préludait à la révolution. Pourtant l'exil fit ré-
fléchir ces Catons, et ils revinrent plus dociles pour la plupart,
mais restèrent des mécontents, des esprits effarouchés, parmi
lesquels se distingua encore d'Epresmenil. Un nouveau scandale
éclata, quand il fut déclaré en séance royale que la présence du
roi gênait la liberté des délibérations. C'est là que le duc d'Orléans déclara à la royauté cette guerre implacable qui devait
aboutir à son vote régicide. Ce jour-là, le parlement réclama
encore une fois les états généraux. Louis XVI, sous l'influence de

Loménie de Brienne, voulut temporiser et les promit avant cinq ans ; demi-mesure, qui fut de celles qui compromettent sans satisfaire ; aussi, chaque jour le parlement formulait-il un nouvel arrêt pour en déclarer l'urgence.

On regrettait alors d'avoir méprisé les fruits de l'acte de vigueur qu'avait frappé Maupeou. On voulut y revenir et frapper, trop tard, hélas! un nouveau coup d'État. Cette fois, l'intention était de conserver des parlements, mais en créant au-dessus d'eux une cour plénière, composée de princes, de pairs, d'évêques et de magistrats, et destinée à juger en dernier ressort. Pour le malheur de la France, ce coup d'État, préparé avec timidité, frappé avec faiblesse, fut un nouveau motif de fermentation. Les édits imprimés dans le propre hôtel de Brienne furent connus par l'indiscrétion d'un typographe que d'Eprémesnil sut corrompre. Cette communication jeta la perturbation au sein de l'assemblée, qui se prépara à la rébellion. D'Eprémesnil et le conseiller Goslard furent arrêtés ; le roi ouvrit une séance royale pour faire enregistrer les édits(1) qui remaniaient entièrement l'organisation de la justice. Aussi l'assemblée refusa-t-elle de consacrer par l'enregistrement sa sentence, et fut-elle aussitôt congédiée; mais elle courut protester à Versailles. Les parlements de province opposèrent la même résistance et poussèrent les populations à l'insurrection. Le parlement de Rennes déclara *infâmes* tous les membres de la cour plénière; celui du Dauphiné parla de rendre cette province indépendante, et sa violence surpassa toutes les autres. Le gouverneur duc de Clermont-Tonnerre, effrayé par l'insurrection, céda et révoqua l'exil des magistrats bannis au nom du roi ; mais ces concessions ne suffirent pas et les troubles aboutirent à une réunion illégale des états du Dauphiné.

Nous n'avons plus qu'à conclure: car les parlements vont disparaître au milieu de la confusion qu'ils ont contribué à amener. On voit combien ils avaient dégénéré du but de leur institution. « J'admire, disait naïvement Miraulmont (2), j'admire une chose en cette cour, que pour être composée de gens de savoir, intégrité et grande expérience, elle a tant gagné sur les lois des empereurs et ordonnances de nos rois qu'elle n'y est sujette ni

____

(1) Ils portaient : suppression des tribunaux d'exception, réforme du Code pénal, sursis d'un mois à toutes les condamnations à mort, réduction des offices dans le parlement de Paris et suspension de toutes les cours souveraines.
(2) *De l'origine du parlement.*

astreinte.......ains, modère la rigueur de la loi, selon le temps, la matière et la qualité des personnes....» Or Mably, en faisant cette citation, la juge ainsi: « Si un pareil tribunal ne se corrompt pas en peu de temps, ce sera un miracle!..... » Le miracle ne se fit pas: l'esprit de ces magistrats véhéments bouleversa tout; ils ont une large part dans le cataclysme révolutionnaire et dans le sang qui y fut répandu (1). Mais les parlements disparurent eux-mêmes dans l'abîme, abolis avec mépris, sans qu'une seule voix se soit élevée pour leur défense.

VII

COUR DES PAIRS.

Il est malaisé de déterminer l'origine de la pairie, et de défini r d'une manière précise les attributions des pairs. Une tradition légendaire a fait attribuer leur création à Charlemagne, mais nul document historique n'en fait mention. D'ailleurs aucun de vassaux immédiats de la couronne qui constituaient les premiers pairs que nous connaissons, n'existaient alors. Cette tradition n'est donc pas assez sérieuse pour nous y arrêter.

D'après une autre opinion, la pairie serait une institution de Louis le Jeune, qui, vers 1179, aurait créé douze pairs pour assister au sacre des rois et juger avec eux les grandes causes du parlement.

Toutefois, en suivant le fil des données de l'histoire, on est conduit naturellement à attribuer à la pairie une origine toute féodale : sous l'empire de la féodalité, on appelait *pairs* (pares), tous les individus *égaux* entre eux et soumis aux mêmes lois. Ainsi, le vilain était le *pair*, l'*égal* (par) du vilain, mais le seigneur suzerain de l'un était le pair du seigneur suzerain de l'autre, en tant du moins qu'il occupait le même rang dans la hiérarchie féodale, car si l'un relevait d'un seigneur dépendant lui-même d'un suzerain plus élevé, tandis que l'autre ne relevait immédiatement que du roi, ils n'étaient point égaux, pairs. De là les pairs par excellence, les égaux entre eux, étaient les grands vassaux de la cou

(1) « On le regarde (le parlement), écrivait Mably des avant ces faits, comme une planche après le naufrage, sans songer qu'il est lui-même une des causes du naufrage... » C'était presque une prophetie.

ronne, ces grands feudataires dont la puissance étouffait celle du roi, sous la seconde race. Ces pairs étaient au nombre de sept, savoir : le duc de France, le duc de Bourgogne, le duc de Normandie, le comte Flandre, le duc d'Aquitaine, le comte de Vermandois et le comte de Toulouse. Or, l'incapacité des derniers Carlovingiens et leur tendance à germaniser la race franque amenèrent ces souverains à succomber sous les usurpations de la féodalité. A la mort de Louis V, la couronne appartenait de droit à Charles, duc de la Basse-Lorraine, son oncle. Mais ce prince, vassal de l'empire, de mœurs semi-allemandes lui-même, n'était vu qu'avec défaveur, bien que personne cependant ne contestât ses droits, puisqu'une députation des comtes vint l'inviter à prendre possession de sa couronne. Il tarde à s'y rendre; Hugues de France, le plus puissant des sept vassaux, le voit hésiter, rassemble à Noyon les grands seigneurs du royaume et s'y fait décerner la couronne (987).

L'un des sept pairs étant devenu roi, leur nombre se trouve donc réduit à six, qui se considèrent dans le principe, non-seulement comme égaux entre eux, mais encore comme restant les pairs du nouveau roi. Mais cette royauté nouvelle grandira, les dominera, les effacera; un jour même viendra où elle créera des pairs et où ce sera un honneur de recevoir la pairie de ses mains.

A ces six pairs laïques furent unis six pairs ecclésiastiques, c'est-à-dire, six évêques aux siéges desquels était attachée la dignité de pairs de France, savoir : l'archevêque de Reims, les évêques ducs de Laon et de Langres, les évêques comtes de Beauvais, de Châlons et de Noyon. Ce fut, selon toute vraisemblance, Philippe Auguste qui assimila ces six évêques aux six pairs de France, en choisissant sans doute ceux qui possédaient, attachées à leurs siéges, des seigneuries relevant immédiatement du duc de France autrefois, de la couronne maintenant (1). Dès lors la cour des pairs se trouva traditionnellement composée de douze pairs, six laïques et six ecclésiastiques, qui devaient juger toutes les grandes causes intéressant l'un d'entre eux. Mais ce nombre de douze fut bientôt dépassé, parce que les rois, nous l'avons dit, à mesure qu'ils se sentirent plus forts, eurent des pairies laïques de leur création, ces dernières demeurèrent seules avec les six pairies ecclésias-

---

(1) Voir à cet égard Moreau, historiographe du roi, 21e *Discours sur l'histoire de France.*

tiques, à mesure que les autres furent réunies à la couronne. Malgré ces changements, le nombre de douze fut consacré dans les traditions et les légendes.

L'une des attributions des pairs était d'assister au sacre des rois; mais cela devint une représentation fictive plutôt qu'une réalité, puisqu'il arriva que les six pairies laïques primitives furent tour à tour réunies à la couronne, et que le nombre de douze pairs fut en réalité surpassé de beaucoup. A ces sacres, chacun des douze pairs traditionnels avait sa fonction : l'archevêque de Reims était le consécrateur, l'évêque de Laon portait la sainte ampoule, l'évêque de Langres était le dépositaire de l'épée du roi, l'évêque de Beauvais tenait le manteau royal, l'évêque de Noyon gardait la ceinture, et l'évêque de Châlons l'anneau du roi. Le duc de Bourgogne portait la couronne; le duc de Guienne, la première bannière carrée; le duc de Normandie, la seconde bannière carrée; le comte de Toulouse, les éperons; le comte de Champagne, la bannière royale; et le comte de Flandre, une des épées du roi.

Examinons maintenant quelles furent, durant la monarchie, les attributions des pairs. Un axiome de la féodalité était que nul ne devait être jugé *que par ses pairs*. Ce principe remontait à la plus haute antiquité; les compagnons d'armes des rois francs l'avaient reçu et transmis; et, dès le règne de Charles le Chauve, en 856, on trouve dans un traité qu'il signa avec les grands du royaume, ce passage : « Nous avons tous, évêques, abbés, laïques, obtenu de la volonté et du consentement de l'empereur qu'aucun de nous n'abandonne son pair (*ut nullus parem suum dimittat*), de sorte que le souverain lui-même qui le voudrait (ce dont Dieu nous préserve!), ne pourrait traiter personne contrairement à la loi et à la juste raison, » et plus tard, sous Philippe Auguste, on voit les grands vassaux insérer dans leurs actes ce passage relatif à la fidélité due au roi : « Je ne manquerai à la fidélité et au service que je lui dois, tant que lui-même me fera droit dans sa cour par le jugement de ceux qui peuvent et qui doivent me juger (*qui me possunt et debent judicare*) (1). »

(1) Voir le *Dictionnaire des institutions, mœurs et coutumes de la France*, par Cheruel (1855) Il est à remarquer que c'est là sans doute l'origine de nos jurys. En effet, les constitutions française et anglaise, quelque différentes qu'elles soient, ont un point de départ commun : la féodalité, particulièrement à partir de la conquête. Or, le droit de n'être jugé que par ses pairs fut alors commun, on n'en peut douter, entre la France et l'Angleterre. En conséquence, les comtes nommaient, pour

De ces principes, quand un pair était en cause, il découlait qu'il ne devait être jugé que par la cour des pairs, et, comme le causes criminelles où quelque pair était compromis avaient souvent pour objet un crime d'Etat, on fut amené à ce que ces sortes de crimes furent déférés à la cour des pairs. En second lieu, ils prenaient part à toutes les résolutions importantes. Le roi les consultait au sein de son conseil (1), puis ils siégèrent au parlement. Ils avaient aussi des prérogatives honorifiques, comme leurs fonctions au sacre des rois (2)

L'assemblée qui fit en 987 l'élection de Hugues Capet était-elle composée uniquement de pairs? cela n'est pas vraisemblable. Les chroniqueurs l'appellent une assemblée de grands (*primates*, *proceres*, *barones*); mais il est présumable que les pairs y furent tous convoqués. Trois cependant ne se rendirent pas à l'élection, et le duc d'Aquitaine, l'un d'entre eux, protesta contre elle.

Nous voyons fonctionner la cour des pairs vers 1135. Le sire de Puiset, fameux par ses brigandages, fut cité par Louis le Gros devant les pairs, en parlement, mais il fit défaut.

C'est sous le règne de Philippe Auguste qu'elle apparaît avec éclat pour la première fois. Il s'agissait en 1202 de frapper la tête coupable d'un redoutable pair, qui n'était ni plus ni moins que duc de Normandie et roi d'Angleterre, de Jean sans Terre. Ce prince avait, comme on sait, assassiné son neveu et son prisonnier, Arthur de Bretagne : cause légitime d'une horreur générale. Les seigneurs bretons, angevins et manceaux s'adressèrent donc

l'application de la justice parmi leurs vassaux, un certain nombre de gentilshommes pris parmi eux, parmi leurs pairs, souvent au nombre de douze, qui se nommaient *jurati, pairs jures*. Cette coutume, en subissant les transformations du temps et des mœurs au delà de la Manche, s'y conserva jusqu'à nos jours, et jamais accusé n'a cessé là d'être juge, au moins sur la question *de fait*, par douze jures, citoyens comme lui, ses pairs Or, les lois révolutionnaires ont réimporté cette institution en France. Chose étrange! la révolution n'a donc fait que restaurer une coutume féodale!

(1) On voit encore par là que le *conseil du roi*, le *plaid royal*, la *cour du roi*, le *parlement* n'ont été primitivement qu'un seul et même corps, seulement il portait ces différents noms selon les circonstances. Ainsi les trois premiers lui étaient plus spécialement affectes lorsqu'il délibérait sur les affaires de l'Etat, celui de parlement lorsqu'il rendait la justice, celui de cour des pairs lorsqu'un pair était en cause; et l'on disait selon les cas : « Le conseil du roi reuni en parlement, ou reuni en cour des pairs. » Plus tard, ces dénominations d'un même corps, selon les formes qu'il revêtait, ne s'appliquèrent plus qu'à des corps qui en émanèrent, comme nous avons vu pour les parlements.

(2) Le roi seul pouvait convoquer la cour des pairs. Le coupable devait y être ajourné par deux pairs; mais on y suppléa en faisant faire l'ajournement par un pair et deux seigneurs, ou même par deux seigneurs seuls ayant séance (ou droit de siéger) en cour des pairs.

au roi de France pour demander justice. Philippe Auguste trouvait là une occasion trop inattendue d'humilier un puissant rival pour ne pas la saisir. Il cita donc Jean sans Terre en cour des pairs, pour être jugé.

La composition de ce tribunal est assez difficile à constater. Les six pairs ecclésiastiques siégèrent; mais des six pairs laïques seul Eudes de Bourgogne pouvait y figurer, puisque le comté de Flandre était tombé en quenouille, que le comte de Champagne était un enfant, que le comte de Toulouse, dans l'embarras imminent des guerres albigeoises, était excommunié, qu'enfin le duc de Normandie, accusé, y eût été juge et partie. Le roi y suppléa sans doute par l'introduction de laïques pris parmi les grands seigneurs du royaume (1). Tout y dut être régulier, puisque personne ne protesta, pas même le principal intéressé, l'accusé. Celui-ci demanda un sauf-conduit pour se rendre à la citation, afin de pouvoir revenir dans ses États. Le roi n'y voulut consentir que si le jugement des pairs le lui permettait (2). Alors Jean sans Terre fit défaut et l'on vit ce puissant potentat, ce roi, condamné à mort... La sentence prononçait en outre la confiscation de ses biens. On sait que Philippe Auguste se chargea d'exécuter au moins la seconde partie de la sentence au profit de la couronne, qui s'enrichit de la belle Normandie. Cette condamnation fut si juste que S. Louis, plus tard, refusa la restitution des biens confisqués, parce que les pairs et barons pouvaient seuls casser la sentence et ne le voulaient pas.

La cour des pairs jugea en 1216 une affaire intéressant Thibault IV comte de Champagne, et fils de Blanche de Navarre. Elle se prononça en sa faveur contre les prétentions d'Erard de Brienne et le débouta (3).

Dans ces diverses causes, différents officiers du roi prenaient *séance* parmi les pairs. Du reste, en 1224, dans un procès entre la comtesse de Flandre et le sire de Nesle, les pairs réclamèrent

(1) Les anciens vassaux du duc de France, devenus maintenant vassaux *immédiats* de la couronne, n'etaient-ils pas devenus les egaux des anciens pairs dans la hiérarchie feodale, et leurs *pairs* par cela seul? Il ne fallait que l'appui de la royauté pour les faire reconnaître comme tels, si elle en avait la puissance.

(2) Ita sit si parium tuorum judicium hoc permittet.

(3) Erard de Brienne les faisait valoir du chef de sa femme, Philippine, fille de Henri II; mais à la mort de ce prince, Philippine etait en bas age et Thibaut III, frère d'Henri, s'était emparé du pouvoir, qu'il avait transmis à Thibault IV, son fils. Ce procès est le premier dans lequel les pairs et classent ou jus eum ent n a le sous ce titre.

contre cet usage par cela seul qu'un pair était en cause. Il s'agissait de refuser ce droit de séance au chancelier, au connétable, au chambellan et à d'autres encore; la royauté y maintint cependant ses représentants.

Comme son ancêtre Philippe Auguste, Philippe le Bel se servit de la cour des pairs pour humilier un rival, et l'occasion lui en fut offerte en 1292. Une rixe avait eu lieu à Bayonne entre des matelots anglais et normands; les vaisseaux des deux nations en étaient venus aux mains; des pillages et des réprésailles s'en étaient suivis. Lequel des deux rois, de France ou d'Angleterre, était le plus fondé à appuyer la plainte de ses sujets? Il est difficile de se prononcer. Toutefois, le prince anglais, Edouard Ier, était vassal du roi de France pour la Guienne, et lui avait prêté foi et hommage. Ce dernier, comme suzerain, lui demanda satisfaction. Edouard refusa. Cité à comparaître en cour des pairs, il apprit que cette cour avait prononcé également contre lui la confiscation de ses biens continentaux. Philippe fondit sur la Guienne et Edouard fut bientôt contraint à demander la paix.

Le commencement du XIVe siècle fut signalé par un procès célèbre. Robert d'Artois contestait à Mahaut, sa tante, le comté d'Artois, quoique le droit de représentation, qu'il invoquait, n'y fût pas reconnu. Il fut condamné en 1309. Il voulut revenir diverses fois contre cet arrêt et fut débouté chaque fois, et ne satisfit sa rancune qu'en devenant un rebelle et un traître.

La cour des pairs, lors de ce procès, prend une physionomie nouvelle. Les pairs ne sont plus de fiers vassaux, les pairs du roi; l'autorité royale a marché et près des pairs ecclésiastiques il y a maintenant douze pairs laïques, dont huit de création royale. Les pairies d'Alençon, d'Evreux, de Bourbon (1), de Clermont en Beauvoisis, de Beaumont-le-Roger, entre autres, forment de nouveaux titres à de moins puissants pairs.

En 1328, la cour des pairs proclama les droits de la branche de Valois à la couronne, contrairement aux prétentions de l'Anglais Edouard III.

Ce fut elle encore qui jugea, en 1341, entre Charles de Blois, époux de Jeanne la Boiteuse, héritière de Jean II duc de Bretagne, et Jean de Montfort, qui en était le frère. Ce dernier s'était enfui,

____

(1) Ce fut Charles IV. dit le Bel, qui erigea en duché-pairie le baronnie de Bourbon, en faveur de Louis Ier, petit-fils de S. Louis.

laissant des procureurs pour défendre sa cause, et l'arrêt de la cour fut prononcé solennellement contre lui. Charles de Blois représenta dès lors le parti français, et Jean de Montfort le parti anglais.

Le roi Jean hérita de la Bourgogne en 1361, par la mort de Philippe de Rouvre, dernier duc de la branche royale. L'un des principaux fiefs faisait donc de droit retour à la couronne, et la royauté voyait encore disparaître l'un de ces pairs puissants, si redoutables à son autorité. Le roi commit la faute de ne pas en profiter, et il démembra de nouveau cette vaste province, dont il apanagea Philippe le Hardi, son frère, avec le titre de premier pair de France. On sait ce que cette aliénation réservait de maux et d'embarras à la France, sous les règnes suivants.

Sous Charles le Sage, un nouveau démembrement déchira la France, dont le traité de Brétigny donna la moitié aux Anglais. Leur joug fut impatiemment supporté, et les impôts levés par le prince de Galles en Guienne et en Gascogne mécontentèrent au dernier point les populations. Les seigneurs de ces provinces, ceux d'Aquitaine, de Périgord et des contrées envahies élevèrent la voix et en appelèrent au roi de France, en cour des pairs. Le prudent monarque hésita; il mesura d'abord ses ressources; puis, sûr enfin du concours de la nation, il cita le prince de Galles devant ses pairs. Jean Chapond et Renaud Pelaud, greffiers de la cour, durent aller signifier la citation au redoutable Prince Noir. Ils furent, pour toute réponse, emprisonnés à Blaye par ses ordres. « Je m'y rendrai, dit-il, mais le bassinet en tête et soixante mille lances avec moi!.. » La guerre recommença, et les états généraux la ratifièrent (1369).

Cependant les vicissitudes et la suite des événements avaient mis Montfort en possession de la Bretagne et l'en avaient fait reconnaître comme duc au traité de Guérande. Parvenu au but de son ambition, il n'en continua pas moins à nouer des intrigues avec ses alliés anglais et fut de nouveau cité en cour des pairs en 1378. Le roi ouvrit ce procès en personne et requit la condamnation du prince. La cour la prononça, déclara la Bretagne confisquée, et le roi se mit en devoir d'exécuter la sentence; mais il fallait encore deux siècles avant que ces rudes Bretons reconnussent la suprématie directe du roi de France. Ils défendirent leur indépendance, et Duguesclin fit de vains et douloureux efforts pour dompter la résistance de ses compatriotes.

Passons au procès du duc d'Alençon en 1458. Ce prince s'était fait l'allié des Anglais et avait porté les armes contre son roi. Interrogé d'abord par le connétable, il refusa de lui répondre, en disant que, comme pair, il n'était justiciable que de la cour des pairs. Elle fut rassemblée, pour le juger, à Vendôme. Là, le procès suivit son cours, et le coupable fut condamné à mort. Mais le roi se laissa toucher au souvenir de la bataille de Verneuil, où le duc d'Alençon s'était jadis vaillamment conduit, et de son père tué à Azincourt; il fit grâce de la vie au duc et de la confiscation à ses enfants.

Il importe ici d'examiner comment furent composées ces dernières assemblées, pour constater les progrès du pouvoir royal et les modifications apportées aux institutions par le temps. A l'époque où nous sommes, aucune des anciennes pairies ne subsiste encore : la Normandie est réunie à la couronne, depuis Philippe Auguste; le comté de Toulouse, depuis S. Louis; la Champagne, depuis Philippe le Bel; la Guienne, depuis Louis le Jeune; enfin, nous avons vu la Bourgogne faire également retour à la couronne, mais il l'avait de nouveau séparée, et elle appartient, avec la Flandre, à Philippe le Bon, le seul pair qui, grâce à la faute du roi Jean, puisse encore porter ombrage au roi de France. Il se fit représenter au procès du duc d'Alençon. Ainsi toutes les pairies laïques, même celles du duc de Bourgogne, sont donc alors de création royale; mais nous voyons encore figurer comme puissants pairs le duc de Bretagne, le comte d'Anjou, le comte d'Artois, Charles d'Artois comte d'Eu, et Gaston comte de Foix.

Ici, l'histoire et le rôle de la cour des pairs peuvent être considérés comme finis. Le titre de pair se perpétuera encore, mais il sera surtout honorifique, et nous ne voyons plus la cour des pairs siéger comme corps distinct. Quand les pairs siègent, c'est désormais en parlement, absorbés par ce corps. C'est donc le parlement de Paris qui prétend maintenant le représenter.

La phase nouvelle date en effet du procès du duc d'Alençon; le roi ayant appelé près de la cour des pairs une portion du parlement pour faire l'instruction, ces magistrats qualifièrent l'assemblée du nom de parlement. Ce fut un antécédent dont le parlement se fit titre. Il avait concouru à juger un pair, il se crut la cour des pairs, ou que les pairs ne pouvaient juger qu'avec lui; il tira de là aussi ses prétentions de prédominance sur les autres parlements. Les pairs, peu au courant de l'histoire, et plus au fait de leurs droits féodaux que de leurs droits judiciaires, dans un temps où l'ignorance régnait encore parmi les gens d'épée, ne virent là qu'une affaire de forme, pourvu qu'ils siégeassent au procès des leurs, et ne réclamèrent pas. Il entra donc dans le droit public français que le parlement de Paris était ou renfermait la cour des pairs. Bien plus, on finit par croire (et les pairs eux-mêmes se le laissèrent peut-être persuader) que leur droit de siéger au parlement n'était qu'un privilége. Ainsi nos institutions à peine ébauchées se dénaturaient déjà; déjà les parlements tendaient à tout absorber : pairie, états généraux, royauté elle-même; tout devait s'effacer devant la féodalité parlementaire.

Quand il fut bien établi que c'était en parlement que devaient siéger les pairs, le reste ne fut plus qu'une question d'étiquette. Dans les lits de justice, ils siégeaient auprès du roi. S'il s'agissait d'une affaire criminelle et qu'un pair fût en cause, la cour devait être « suffisamment garnie de pairs; » cela du moins quand le procès conservait des formes légales : car nous pouvons citer l'exemple du prince de Condé, qui fut jugé, après la conjuration d'Amboise, au mépris de toutes les formes. Une commission fut nommée d'abord pour le juger; mais il revendiqua, comme pair par sa qualité de prince du sang, le droit d'être jugé dans un parlement suffisamment garni de pairs, ce qui lui fut refusé. Pour lors, il en appela au roi, qui rejeta son appel en conseil. Il en appela encore une fois alors *du roi mal conseillé au roi bien conseillé.* Enfin, cédant aux avis de son avocat, il consentit à répondre aux juges qu'on lui imposait, et « sur cela, dit Castelnau, on assembla grand nombre de chevaliers de l'ordre et quelques pairs de France avec plusieurs autres conseillers du privé (1) » conseil, qui le condamnèrent à mort et signèrent l'arrêt (2).

La mort presque immédiate du jeune François II suspendit, retarda et finalement empêcha l'exécution de la sentence, ce qui donna cours à mille suppositions.

La pairie, si puissante naguère, en était donc arrivée, sous les derniers Valois, à n'être déjà plus qu'un stérile honneur et un titre. Longtemps les pairs eurent le pas même sur les princes du sang; mais sous Charles IX, et à son sacre, on donna à ces derniers la prééminence. Ils devinrent pairs de droit, et une ordon-

---

(1) Or, c'était le conseil du roi qui poursuivait.
(2) Sauf du Mortier et L'Hôpital, qui s'y refusèrent.

nance de Henri III donna la primauté aux princes du sang sur les pairs de création antérieure à eux. Ce prince voulut même faire passer les officiers de la couronne avant les pairs. Cet usage ne prévalut pas, mais nous y voyons la tendance du pouvoir royal à effacer la pairie (1).

Vers les derniers temps, on distingua donc plusieurs classes de pairs : les princes du sang (pairs néᶜ), les six pairs ecclésiastiques, les pairs laïques. Enfin, il y eut quelquefois des pairs à vie ou même temporaires; il n'est même pas sans exemple que la pairie ait été donnée à des femmes.

VIII

RÉCAPITULATION ET RÉORGANISATION.

Nous avons passé en revue, avec les anciennes institutions de la monarchie, les principaux éléments de la constitution naturelle de la France. Ces éléments sont réels, quoique l'école révolutionnaire ait posé et résolu négativement cette question : « Avant 1789, la France avait-elle une constitution?... » A cette question, nous, nous répondrons : Non, si par ce mot vous voulez dire un ensemble de principes formulés, arrêtés, écrits dans un acte constitutionnel, ou des pouvoirs définis, limités et circonscrits pour chaque institution sans empiétements possibles de l'une sur l'autre; non encore, si vous voulez parler de traditions auxquelles on se soit toujours attaché avec fidélité, avec suite, sans jamais se rejeter plutôt de l'une sur l'autre, et un déploiement régulier de ces traditions. Oui, au contraire, la France avait une constitution, si l'on entend ainsi un ensemble d'institutions certaines, de traditions constantes, appuyées sur des principes universellement reconnus, comme l'hérédité royale, la loi salique, le concours nécessaire de la nation au vote de l'impôt; enfin, avec cela, une tendance générale à limiter, à définir les pouvoirs des institutions existantes. Si vous aimez mieux, disons que la France avait une constitution en travail qui avait encore besoin d'être fixée. Il est vrai que son développement fut trop souvent entravé,

____

(1) Les pairs eux-mêmes s'effaçaient tous sans chercher à sauver leur vieille prérogative, comme dans le procès du duc de Biron, où ils se récusèrent.

que la royauté s'en écarta surtout dans les derniers siècles, qu'on y revenait aussi par de brusques retours. Des chocs, des crises en résultaient; mais ces inconvénients naissaient de l'inconséquence qui faisait y déroger, non des institutions elles-mêmes. C'est pour cela qu'après la plus longue interruption, survint la crise la plus forte, la révolution. C'est ce dont le tableau succinct de l'enchaînement des faits va nous convaincre.

La royauté et les états, le roi et la nation, telles sont à partir du XIII⁰ siècle les deux institutions primordiales de notre constitution. Le souverain et le peuple étroitement alliés contre l'ennemi commun, la féodalité : voilà, après diverses transformations qui avaient enfanté la troisième race, notre point de départ au moyen âge. De là, pouvoir suprême de la couronne conquis pied à pied sur le pouvoir féodal; de là, nécessité du concours national à ce but; besoin de l'impôt et du consentement des imposés, du vote des états. La royauté croît ainsi, appuyée sur le peuple; les communes s'émancipent, soutenues par la royauté. Mais bientôt les états généraux semblent avides de prérogatives nouvelles; leur simple faculté de formuler des plaintes ne les satisfait plus : ils tendent à ériger leurs décisions en lois. Si la royauté ne cède pas à cette tendance, du moins ils cherchent à obtenir la périodicité de leur convocation, acheminement quelconque vers des pouvoirs plus étendus. Tel est jusqu'à Louis XIII le développement visible de la constitution française. Néanmoins, dans cette première période, la constitution a déjà subi des entraves; on a craint de convoquer les états en bien des circonstances où leur intervention eût été nécessaire; leurs sessions sont devenues plus rares, la royauté leur a trop souvent préféré des assemblées de notables composées à son choix et plus complaisantes. D'autre part, le parlement est déjà sorti de ses attributions purement judiciaires pour chercher à saisir un rôle politique que la constitution ne lui reconnaît pas. Il en arrive à rendre des arrêts qu'il veut changer en lois fondamentales, et même il ose une première fois disposer de la régence. Le parlement prétend suppléer aux états généraux, peut-être à les supplanter; il veut devenir seul pouvoir dans l'État.

Les états généraux sont bientôt oubliés; la nation, entre leurs rares assemblées, s'accoutume à leur absence, sans discerner, dans sa méprise, quel est le véritable fonctionnement de ses institutions.

Ainsi en 1614 la royauté avait déjà éludé la constitution, et une compagnie puissante la foulait aux pieds.

C'est alors que furent convoqués les derniers états, car on peut les considérer comme tels, de la France monarchique. Ils inaugurèrent pour la royauté une nouvelle ère d'autorité, durant laquelle le tiers état, devenu une puissance alliée, l'aida à désarmer les résistances féodales. Donner alors plus d'importance aux états généraux eût donc été renouveler et cimenter l'alliance de la royauté avec les communes ; mais on ne comprit pas cette vérité tout entière. On accepta le pouvoir absolu que personnifièrent tour à tour Richelieu et Louis XIV. On continua, il est vrai, une politique populaire, en humiliant les hautes classes et en admettant les classes secondaires aux plus hauts emplois ; mais en l'absence des états généraux, la constitution nationale, qui tempérait l'autorité royale par le concours populaire, s'oublia de plus en plus, et quand vint la minorité de Louis XV, les dépositaires du pouvoir ne lui gardèrent de l'héritage de ses ancêtres que l'autorité absolue, en répudiant leur politique protectrice des classes populaires ; que dis-je ! ils tournèrent l'autorité absolue qu'ils en avaient reçue contre elles. C'est ainsi que dans cette réaction contre deux règnes illustres, germèrent entre la noblesse et la bourgeoisie des haines, mères de révolutions. Or, dans ce dédale d'une politique égarée tout concourait à la fois à perdre la société, la constitution et la monarchie ; les vrais principes étaient méconnus, la politique royale oubliée, la corruption pénétrait partout ; le philosophisme s'attaquait aux choses saintes ; les parlements, s'érigeant en tuteurs de la nation, proclamaient leur omnipotence ; l'opinion publique, par esprit d'opposition, se passionnait pour eux ; ils cassaient les testaments royaux, et leur turbulence faisait seule loi dans l'Etat. Au milieu de ce chaos, que devenait la constitution française ? Quelle était-elle ? Nul ne le savait plus. Le pouvoir royal voulait qu'elle fût dans son absolutisme, les parlements dans l'approbation parlementaire, et, comme déjà les utopies philosophiques du XVIIIe siècle faisaient résonner les mots de liberté et d'indépendance, on vanta la constitution anglaise, sans songer qu'elle était faite par d'autres circonstances et pour des mœurs étrangères. Mais la constitution nationale, indigène, appropriée à nos tempéraments, nul n'y songeait ; tous la reléguaient au rang de ces édifices gothiques, aussi vieux qu'elle, dont on mutilait les beautés au nom de l'art et du bon goût. Et pourtant qu'elle eût été nécessaire !.... La moralité et le bon sens ne pouvaient se retrouver que dans les masses; le tiers état, cette bourgeoisie déjà puissante en 1614, grandissait tous les jours et frémissait de se voir exclue, depuis Louis XIV, de toutes les places, sans que ses rancunes pussent s'exhaler dans aucun cahier, dans aucune assemblée ; la situation se tendait de plus en plus, et comme les digues que l'on oppose aux torrents des montagnes, la résistance devait être un jour brisée au milieu du cataclysme et des ruines (1). Pendant ce travail désorganisateur, la confusion régnait dans tous les rangs, et la couronne était sur la tête d'un prince dont les brillantes qualités, laissant tout aller à la dérive, s'éteignaient dans les baisers des courtisanes.

A l'avénement de Louis XVI d'autres embarras s'ajoutèrent à ces complications : un parti nouveau importa d'Amérique en France des tendances républicaines. Alors on s'aperçut du chaos politique et social; alors, un jour donné, la France fut tout étonnée de se trouver sans constitution. Aussi, tous les yeux se retournèrent-ils vers le passé; aussi se ressouvint-on de nos vieux états, les réclama-t-on avec frénésie, leur demanda-t-on cette constitution où déjà tous les partis espéraient voir leurs idées triompher. Mais que de difficultés pour les convoquer après 175 ans de vacances ! Quel était l'état des ordres vis-à-vis les uns des autres?....... Qu'était devenue la noblesse, décimée par Richelieu, amollie par les plaisirs de la cour de Louis XIV, ou corrompue par l'esprit de Voltaire?.... Et ce tiers état, grondant comme un flot montant, dont les passions s'insurgeaient, réclamant sa part (2) : quelle serait cette part !....Hélas! si les peuples n'avaient point cessé de voir convoquer ces grandes assises, l'attitude des ordres en regard les uns des autres se serait modifiée singulièrement; la participation de la bourgeoisie au gouvernement se serait pacifiquement accordée ou conquise ; la transition aurait été inaperçue, ou du moins toutes les ques-

(1) Il est si vrai que l'absence d'Etats généraux accumula les éléments révolutionnaires que, dans un pamphlet passionné contre Louis XIV, imprimé a Amsterdam sous le titre de : *Soupirs de la France esclave après la liberté*, et ou, entre autres griefs, la suppression des Etats lui est amèrement reprochée, on lit a la dernière page cette phrase assurément très-remarquable « Dans tous les evénements présents, il n'y a rien qui doive nous rassurer contre *la Révolution...* » Cela était écrit en 1689, juste cent ans avant la prise de la Bastille !...

(2) Qu'est-ce que le tiers etat? — Rien — Que demande-t-il a être ? — Quelque chose. — Que devrait-il être ? — Tout, disait Siéyès dans sa brochure.

tions irritantes se seraient tranchées, sinon sans orage, du moins sans révolution (1). Ajoutons que tous les abus qui furent le motif ou le prétexte de la crise révolutionnaire eussent été signalés et réformés naturellement. Appelés trop tard au contraire, les états généraux de 1789 furent convoqués presque malgré la royauté et tournèrent contre elle; là tous les orages éclatèrent à la fois; là toutes les haines, accumulées depuis près de deux siècles, s'exhalèrent ensemble; la bourgeoisie réagit d'une manière terrible contre l'aristocratie, et la royauté, qui sous Louis XV avait été l'instrument de cette dernière, identifiée maintenant avec elle, partagea les mêmes assauts. C'était un malentendu, je le veux bien, entre la nation et la monarchie, qui, sauf la parenthèse de ce règne, avaient toujours été alliées, mais le malentendu avait ses causes dans les fautes que nous avons signalées, et le peuple ne jugeait toute l'histoire que par les faits contemporains, comme notre œil croit juger le rayon lumineux à travers l'instrument, par sa dernière direction.

Telles sont les causes politiques de la révolution française.

Or, de quoi s'agit-il dans ce travail? Que cherchons-nous? Quel est le problème à résoudre pour notre société moderne?

Nous l'avons dit au début : il s'agit d'établir enfin des institutions durables, ce qu'on n'a pu faire encore depuis 80 ans; et pour cela, il faut prendre des traditions nationales pour base, en les conciliant avec les besoins d'une société moderne. Il faut donc tenir compte de l'histoire, y compris celle de nos bouleversements politiques et des éléments nouveaux qu'ils ont produits. Il est évident, en effet, que les mœurs modernes, qui sont sorties de la révolution, doivent trouver ample satisfaction à leurs besoins légitimes. En un mot, ces 80 ans doivent avoir une large part dans les traditions nationales sur lesquelles il faut s'appuyer, en tout ce que nous y trouvons d'honnête, bien entendu (2).

Et d'abord la royauté restaurée doit restaurer aussi sa politique royale et populaire, dans laquelle le règne de Louis XV a été une

____

(1) Car le monde n'est pas condamné à l'immobilité et dans ce sens il est destiné nécessairement à *des révolutions* continuelles; aussi ne voulons nous point dire sous ce rapport que nous eussions pu les éviter; au contraire, elles les eussent rendues pacifiques en les favorisant; mais elles nous eussent préservés *de la révolution*, ce qui est bien différent.

(2) Si l'ancienne monarchie est tombée par l'oubli de sa constitution naturelle, tous les régimes essayés depuis elle sont tombés également pour avoir dédaigné de

lacune désastreuse, en s'appuyant, non sur la populace des rues qui n'est pas le peuple, qui n'en est que la lie, mais sur le peuple, le vrai peuple français, dont les communes sont la base depuis 500 ans (1). Là sont les fondements de la constitution, de celle qui n'a point été inventée, qui a toujours existé, quoique méconnue souvent, et qu'il ne faut qu'adapter à notre époque, rajeunie et modifiée par nos révolutions. Il nous reste donc à exposer comment nous concevrions le gouvernement moderne refait avec les matériaux anciens et nouveaux; nous allons voir qu'il n'y aurait pas beaucoup à changer aux institutions récentes qui nous sont familières.

La révolution se vante d'avoir imaginé le principe de la séparation des pouvoirs : il est naturel de penser néanmoins qu'on y fût bien arrivé sans elle, par le progrès du temps et de la civilisation ; et maintenant que la mission de tout corps judiciaire est d'appliquer la loi, non de la faire, il ne doit être possible à aucun ni d'empiéter sur les attributions législatives, ni de prétendre diriger la politique gouvernementale. Les parlements, au mépris de ces règles, n'ont pas peu contribué à nos catastrophes, et eux-mêmes, après avoir empiété sur tous les pouvoirs, ont été emportés dans le même orage que tous les pouvoirs. Ils ont péri. Néanmoins dégagés de tous leurs abus, refaits, réformés et renfermés dans leurs attributions judiciaires, sans aucun lien traditionnel qui les rattache au passé, ne revivent-ils pas dans les

s'appuyer sur des traditions historiques. La république n'a pu tenir, elle n'avait pas de racines ; l'empire reposait sur un basse fausse et factice ; les chartes a l'anglaise n'ont pu s'acclimater en France. En un mot, aucune des constitutions qu'on proclamait *éternelles* a leur auroie n'est née viable, car le *maximum* de dix-huit ou vingt ans d'existence ne compte pas pour un jour dans l'histoire d'un peuple. C'est qu'elles n'etaient pas sorties des entrailles de notre vieux sol français.

(1) La vieille monarchie avait affranchi, protege, constitue les communes, la révolution les a asservies ; ce serait à la monarchie de restaurer avec elle leurs antiques libertés. La revolution, en effet, les a dépouillces de tout, mises en tutelle et complettement annihilees au profit de la centralisation ; temoin les lo s du 28 août 1792, 10 juin 1793, 2 prairial an IV, 9 ventôse an IV, 29 vendémiaire an X, le Code civil, art. 537 et 2045, le decret spoliateur du 20 mars 1813. Aussi un jurisconsulte verse dans cette matière s'ecrie-t-il : « Dans l'etat d'humiliation et de dépendance servile où les a réduites la révolution, qui reconnaîtrait ces communes, jadis si libres, si fieres, si florissantes? Vaines ombres de ce qu'elles furent dans les siecles d'absolutisme, depouillees, au nom de la liberte, de tout, sauf de leur nom, conservé sans doute par ironie, les communes françaises ne sont plus en réalité que des dependances préfectorales. » (*Essai sur la centralisation*, par M. Béchard, avocat a la Cour de cassation.) « Police administrative, comptabilité, tout relève du ministre et de ses agents. — Partout la main du pouvoir, nulle trace de nos antiques franchises, la commune est deshéritee de ses droits. » (*Ibid.*, t. I p. 209.

cours d'appels? ce sont elles en effet, sous des noms différents, qui les remplacent. Il n'y a donc sur ce point qu'à maintenir ce qui est organisé en France pour le service de la justice.

Occupons-nous dès lors exclusivement de la forme du gouvernement.

En première ligne il faut placer le pouvoir royal, son hérédité étant le principe fondamental de toute notre histoire nationale. De la royauté émanent la justice et les principaux pouvoirs de l'Etat. Le roi préside à l'administration publique du pays et laisse les administrations locales aux municipalités des communes ou aux représentations départementales. Il est chef de l'armée, l'arbitre de la paix et de la guerre. Il propose les lois à la ratification du pouvoir législatif, après les avoir fait élaborer par son conseil, et leur concours réalise le vieil adage : *lex fit consensu et constitutione regis*. Comme autrefois, ce concours sera nécessaire à l'établissement de l'impôt. Le roi et son conseil se confondaient jadis dans leur action; ils se confondraient encore dans l'avenir. Ce conseil, il n'a guère cessé de fonctionner chez nous, il n'y a qu'à lui rendre son nom. Le conseil du roi peut revivre dans le conseil d'État; mais ce corps devrait recevoir de larges prérogatives. Le concours qu'il a prêté à tous les rois de la troisième race, celui qu'il a prêté au consulat législateur est la mesure de celui qu'il prêterait encore à la monarchie rajeunie. Il pourrait donc être chargé d'élaborer les lois, comme dans la constitution de l'an VIII et d'en soutenir la discussion par l'organe de ses orateurs.

Reste à examiner comment devraient être formées les assemblées qui représenteraient la nation, et quels seraient leurs points de contact avec l'autorité royale : point délicat entre tous, qui a souvent été une cause de révolutions, parce qu'aucune de nos constitutions éphémères n'a jamais tenu compte du mode de nos anciennes représentations (1), tandi que, tout en s'appuyant sur la nation et sur sa liberté, il faut se conformer à ses usages traditionnels. Donc nos états généraux modernes, ou du moins une

(1) Les pouvoirs législatifs depuis 1789, ont épuise pour leurs modes d'elections toutes les imaginations constituantes La constitution de 1791 avait le bon sens de faire sortir l'assemblee législative de deux degrés d'election , celle de 1793 la faisait émaner directement des assemblées primaires; celle de l'an III admettait encore deux degres; celle de l'an VIII, dont les excentricites étaient le fruit du cerveau de Siéyès, faisait surgir de trois degrés d'election une triple liste communale, départementale et nationale de confiance, dans laquelle le gouvernement recrutait tous

assemblée dont le nom en rappellerait le souvenir, formeraient cette représentation. Il faut rétablir auprès de la royauté des états, non intermittents, comme autrefois, mais permanents comme ils auraient pu et dû le devenir jadis, sous la triple influence du temps, du progrès naturel des choses et des besoins publics. Je n'entends rien établir de suranné. Il ne saurait donc être question de distinguer les trois ordres, aujourd'hui confondus dans une seule classe de citoyens. Il n'y aurait que des représentants de la France. Cette assemblée serait élue pour un temps que je laisse à déterminer, sur les bases les plus larges du suffrage universel, mais d'un suffrage intelligent et libre, comme autrefois, c'est-à-dire, comme autrefois aussi, au sein de la commune et par plusieurs degrés d'élection (1); le suffrage universel *honnêtement pratiqué*.

Il y aurait donc des assemblées primaires et des assemblées secondaires. C'est là qu'autrefois les électeurs donnaient aux mandataires élus l'expression de leurs vœux dans un cahier destiné à leur rappeler leur mandat. Qui empêcherait de restaurer cet usage, que nulle constitution moderne n'a eu l'idée d'imiter et qui cependant était bien propre à donner une grande force aux vœux populaires?

Maintenant cette assemblée de législateurs, qui reprendrait ou à peu près le nom, soit d'*états généraux*, soit d'*états de la nation*, soit de *chambre des états*, cette assemblée, dis-je, une fois constituée, quels en seraient les pouvoirs? quels seraient ses rapports avec le pouvoir royal?

Il faudrait, ai-je dit ailleurs, les rendre tels qu'il en résulte une sage, mais large liberté pour le peuple, une autorité ferme, énergique, mais limitée (2) pour la royauté. Pour en arriver là, la représentation nationale devrait voter les impôts et les lois; elle aurait même dans une large mesure le droit d'amendement; mais pour éviter les orages des assemblées passionnées, les lois

les pouvoirs publics. Les chartes de 1814 et 1820 faisaient reposer le droit de faire les lois sur le cens électoral; la seconde république et le second empire le soumirent au choix d'un seul degré d'électeurs. Aucun de ces régimes, sauf le dernier, n'a voulu donner la commune pour centre électoral.

(1) Le citoyen dans la commune élit les électeurs. Ce sont ses égaux ou ses amis; il les nomme les connaissant. L'électeur ainsi choisi va voter au chef-lieu, jadis du bailliage ou de la sénéchausée, aujourd'hui du canton, de l'arrondissement ou du département pour le choix du député. C'est là le suffrage universel intelligent et libre, mais aussi dont les révolutionnaires ne veulent pas.

(2) Le célèbre Donoso Cortès, peu de temps avant sa mort, adressait a la *Revue*

ne pourraient lui être présentées en projet qu'après avoir été étudiées dans le conseil du roi. Les états pourraient néanmoins exposer au gouvernement les lacunes de la législation, lui demander des lois sur tel objet, et les discuter en détail.

Les états pourraient donner leur avis sur tout, interroger, interpeller le gouvernement sur n'importe quelle question, formuler leur avis, émettre des ordres du jour motivés, approuver ou désapprouver le choix des ministres. Le roi, de son côté, conserverait la faculté inhérente à son autorité de proroger et dissoudre les états, de faire par de nouvelles élections appel au sentiment du pays, de le consulter solennellement par un nouveau choix de ses représentants.

Ici se présente une question. Le pouvoir des états nouveaux serait-il seul, ou contrebalancé par ce que l'on appelle en langage moderne une chambre haute? Si nous ne consultons que les traditions de la vieille monarchie, il est vrai que nous n'y trouvons rien de semblable; les états généraux n'ont jamais eu de pouvoir pondérateur en regard d'eux. Toutefois, si la révolution a commis le crime de vouloir faire dater toute l'histoire de France de 1789, il ne faut pas commettre l'excès contraire de l'arrêter et de la reprendre aujourd'hui à cette époque mémorable. Nous avons précédemment posé en principe qu'il fallait joindre à nos traditions le siècle bientôt révolu de nos expériences. Or, dans cette phase, la nation s'est généralement applaudie du fonctionnement d'une double chambre : je dirai plus, l'expérience contraire n'a point été heureuse. On s'accorde

des *Deux-Mondes* une lettre publiée dans l'édition espagnole de ses œuvres, traduite et imprimée dans l'*Univers* des 3 et 4 août 1856, ou cet illustre penseur etablit · 1º que le *parlementarisme*, tel qu'il a été importe sur le continent, detruit l'essence de tout gouvernement chrétien, dont il abolit les trois caracteres *d'unité*, de *perpétuité* et de *limitation*; mais qu'il y substitue la *division*, l'*instabilité* et l'*opposition* ou la revolte; qu'enfin il va ainsi contre l'ordre divin de toute societe chrétienne; 2º que le parlementarisme, tel qu'il a été importé sur le continent a la suite des révolutions, n'est nullement la reproduction de la constitution anglaise, comme on le represente à tort. La constitution anglaise a conserve les trois caractères dont nous parlions tout a l'heure, car le pouvoir y est *un*, *perpétuel* et *limité*, seulement son unité, au lieu de resider dans le roi, qui n'en est que le symbole, réside en fait dans la chambre des lords, qui est la véritable reine d'Angleterre 3º que notre parlementarisme enfin n'est pas davantage la reproduction ni le developpement des anciennes institutions, qui toutes limitaient ou tendaient a limiter le pouvoir, mais ne le *divisaient* pas, tandis que par la *division* tous nos gouvernements modernes ont trouve leur ruine. Le duc de Valdegamas ouvre dans cette lettre de hauts aperçus. Donc rétablissons l'*unité* d'un pouvoir *monarchique et perpétuel*, en le *limitant*, sans le *diviser*, et en lui donnant des *bornes* et non pas des *rivaux*.

généralement en France a sentir le besoin de deux pouvoirs qui se pondérèrent réciproquement. Cela étant ainsi, que l'institution de la pairie, dont le souvenir avait déjà été ressuscité pour cet objet, nous fournisse encore une chambre haute ; mais que la pairie y soit héréditaire, l'hérédité étant selon nous la première condition d'indépendance d'une pareille chambre. Croit-on par exemple que les sénats impériaux eussent eu le discrédit qu'ils avaient, à tort ou à raison, dans l'opinion publique, s'ils eussent dû à leur naissance la position qu'ils ne devaient qu'à la faveur ?... Que la pairie puisse être la récompense de services rendus, soit ; mais à condition qu'elle se transmette à perpétuité et qu'ainsi les membres de ce corps ne puissent être soupçonnés de servilisme ; que ce corps tout entier ne soit pas voué d'avance à tout applaudir, à tout consacrer, à tout sanctionner. Nous affirmons donc qu'après la révolution de Juillet, l'abolition de l'hérédité de la pairie a été une absurdité révolutionnaire, un contre-sens, un non-sens. Du moment que cette assemblée n'est pas élective, elle doit être héréditaire pour être indépendante du pouvoir, et si la révolution de Juillet ne l'avait pas trouvée telle, loin de l'abolir, elle aurait dû lui donner cette hérédité. Donc, cette chambre des pairs héréditaire formerait de plus, comme autrefois, la cour des pairs, cour suprême où se jugeraient 1° les pairs mis en accusation, 2° les crimes contre la sûreté de l'Etat, 3° les procès intéressant les hautes questions gouvernementales ou la constitution. En somme, les pairs auraient, avec plus d'indépendance, des attributions qui se rapprocheraient de celles du sénat sous l'empire.

Ainsi, parmi les anciennes institutions historiques, voilà : 1° la royauté et son conseil, 2° les états généraux, 3° les corps judiciaires, 4° la cour des pairs, reconstitués dans la constitution moderne.

Il nous reste à parler des états provinciaux et des assemblées des notables ; vont-ils ressusciter aussi ?

Les conseils généraux peuvent nous rendre les premiers. Ils ont pris en effet des racines véritables en France et sont acceptés par nos mœurs ; ils sont d'ailleurs pleins d'analogie avec nos anciens états locaux. Ils devraient être, eux aussi, soumis aux mêmes règles d'élection que l'assemblée des états, c'est-à-dire à deux degrés. Fidèles à ressusciter les vieux souvenirs, nous leur donnerions le nom d'*états départementaux* que nous préférerions de toute façon à celui de conseils généraux, trop compromis par

la centralisation administrative et l'omnipotence préfectorale (1).
Ils garderaient les attributions qui leur ont toujours été dévolues, mais sur une base large, pouvant former des vœux dans les questions politiques, de façon à éclairer le gouvernement sur les désirs des populations qu'ils représentent. Il serait d'une saine politique en effet d'élargir autant que possible l'importance de cette populaire et utile institution, en la décentralisant, pour contre-balancer par les départements l'influence si souvent néfaste au pays de l'orageuse capitale.

Quant aux anciennes assemblées de notables, elles pourraient même être imitées de nos jours, ou du moins rien n'empêcherait de reconnaître au gouvernement la faculté de le faire d'une façon toute nouvelle, dans les circonstances où il y aurait utilité pour lui à s'entourer des conseils d'hommes expérimentés. Les Etats de la nation *délibérant* et votant les lois, le roi *consulterait* dans des cas difficiles, et rares par conséquent, une réunion spéciale de gens compétents, dans les sommités du pays. Qui pourrait l'empêcher, par exemple, de réunir des préfets, des évêques des présidents de conseils généraux ou de cours royales, pour prendre leurs avis sur les intérêts du gouvernement, de la religion, des départements, de la justice? La composition en serait à son choix, et j'en dis autant des présidents de consistoire, des autorités militaires, etc., selon les cas. On conçoit de quel secours une réunion de ce genre pourrait être par les lumières qu'elle pourrait procurer.

Nous avons fait à toutes les institutions de notre histoire nationale, une part dans le pays régénéré par la restauration d'une monarchie nationale comme elles. Une organisation de ce genre aurait des chances de solidité et d'avenir, parce qu'elle aurait des racines sur notre sol, parce que la royauté s'appuyerait sur la nation, parce que l'expérience a montré dans l'histoire

____

(1) Si nous étions au lendemain de la Révolution, nous proposerions l'abolition du morcellement de la France en départements et le retour a l'ancienne division provinciale comme moyen de décentralisation. Aujourd'hui il s'agit de ne rien troubler ni bouleverser, et la division de la France en départements est trop ancienne, trop acceptée par nos habitudes, pour faire une révolution territoriale a cet égard. Conservons les noms des provinces, mais gardons les centres administratifs tels qu'ils sont, en tâchant de procurer une centralisation moins routinière et moins tyrannique. Faire plus pour changer des circonscriptions géographiques ne pourrait se faire sans perturbation ni être tenté sans folie.

que la royauté a toujours trouvé là ses appuis naturels (1). En outre il n'y aurait rien à bouleverser dans les rouages de gouvernement qui sont familiers à nos contemporains, et tout y seraiten conformité avec notre caractère et nos mœurs.

Dans la triste phase actuelle, (février 1875), quand nous nous jetons encore aveuglément dans l'inconnu d'expériences fatales, les faits ne donnent-ils pas à ces considérations l'autorité qui leur manque et ne sont-ils pas la consécration de cette parole royale : « Je suis le pilote nécessaire, le seul capable de conduire le navire au port..... » a dit celui qui représente seul la tradition du droit national monarchique (lettre du 27 octobre 1873).

Ainsi la liberté du peuple serait assurée ; ainsi l'autorité du roi serait affermie ; ainsi seraient évincées ces constitutions et ces chartes d'aventure qui n'ont jamais servi qu'à démolir les gouvernements, ou qui forçaient des gouvernements sans base à vivre d'expédients, à s'appuyer exclusivement sur une classe en en flattant les passions ou les vices, à compter sur une majorité trompeuse dont le dévouement est trop intéressé pour être solide.

C'est ce qu'aurait pensé sans doute un vieil auteur, qui, développant le tableau de l'*État et succez des affaires de France*, s'écriait, ainsi que nous l'avons inscrit par choix en tête de ce travail et que nous l'inscrivons pour conclusion :

« Nos roys..... n'ont trouvé autre remède à leurs affaires, lorsqu'ils ont eu besoing d'argent et de secours, ni notre peuple autre remède en ses calamitez qu'à la convocation des estats, qui ont toujours esté la souveraine médecine des roys et des peuples. »

---

(1) Ainsi, même en 1789, il n'y avait rien de plus monarchique que les cahiers ; les députés, en démolissant la monarchie, mandataires infidèles, les ont violés.

(4689) — PARIS. IMPRIMERIE JULES LE CLERC ET Cᶜ, RUE CASSETTE, 29.

TABLEAU

DE

L'ANCIENNE CONSTITUTION FRANÇAISE

VIEILLE MAXIME : *Lex fit consensu populi et constitutione regis.*

LA NATION

votant l'impôt, exprimant ses vœux, faisant ses plaintes, formulant ses doleances, etait representée par

Les états généraux	Les états provinciaux	Les assemblées des notables
divisés en trois ordres, élus en deux degrés d'élection par le suffrage universel.	dans les pays d'états; les trois ordres y étaient séparés ou confondus, selon les usages de la province.	composées de membres de divers ordres, choisis par le roi.

LE ROI

administrateur, législateur, chef; faisant la paix ou la guerre, dispensant la justice, était secondé par

Le conseil du roi	Les parlements	La cour des pairs
qui eut plusieurs divisions.	pour rendre la justice au nom du roi. Ce fut un démembrement du conseil.	pour juger les pairs accusés; se confondit avec le parlement de Paris.

Les parlements.

TABLEAU

DE LA

CONSTITUTION FRANÇAISE RESTAURÉE

LA MAXIME : *Lex fit consensu populi et constitutione regis.*

LA NATION

votant ou refusant l'impôt, acceptant ou rejetant les lois ; représentée par

Les états de la nation
permanents (sauf vacances), élus pour .. ans ; le roi pouvant les dissoudre, les proroger, les convoquer ; votent lois et impôts ; élus à deux degrés d'election ; suffrage universel au premier degré et a la commune.

Les états départementaux (conseils généraux)
annuels, élus comme les états ; deux degrés d'election ; suffrage universel au premier degré, répartissant l'impôt ; pouvant émettre des vœux.

Les assemblées des notables
facultatives de la part du roi ; composées à son choix ; n'ayant qu'une autorité consultative.

LE ROI

chef de l'Etat ; commandant les armées, source de la justice ; gouvernant, administrant, proposant les lois et les sanctionnant ; secondé par

Le conseil d'État et celui des ministres
1º le conseil d'Etat, tribunal administratif, élaborant les projets de lois, les discutant, les défendant ; 2º le conseil des ministres, chacun d'eux selon son département.

Les tribunaux
cour de cassation ; cours royales, d'appel ; tribunaux de 1re instance ; juges de paix.

La chambre et cour des pairs
chambre haute gardienne des principes constitutifs ; cour suprême jugeant les crimes d'Etat et les causes criminelles intéressant un pair héreditaire.

9 782012 987661